LE YOGA ET SAINT JEAN DE LA CROIX

« *Spiritualités vivantes* »

SWÂMI SIDDHESWARANANDA

LE YOGA
ET
SAINT JEAN DE LA CROIX

Pensée indienne et mystique carmélitaine

Albin Michel

Albin Michel
▪ *Spiritualités* ▪

Collections dirigées
par Jean Mouttapa et Marc de Smedt

ISBN : 2-226-08621-8
ISSN : 0755-1835

Avant-propos

Nous sommes heureux de vous présenter ce livre, composé d'une série de conférences faites par le Swâmi Siddheswarananda entre 1949 et 1953. Ces conférences ont suscité beaucoup d'intérêt en Europe, aux États-Unis et en Inde parce que, dans ces études, le Swâmi nous montre la relation intime qui existe entre les religions chrétienne et hindoue sur le plan mystique. C'est uniquement dans ce domaine que Çrî Râmakrichna a parlé de l'harmonie des religions. Comme le Swâmi l'explique clairement dans sa première conférence « Pensée indienne et spiritualité carmélitaine » : « La religion élève des barrières entre les hommes car elle s'appuie sur des concepts qui sont en même temps des signes de ralliement et de provocation. C'est pourquoi il ne peut pas y avoir d'amitié entre les religions particulières si l'on tient compte des valeurs doctrinales et théoriques. Le mot de spiritualité, plus conforme à nos idées, est d'ordre plus universel : il désigne cette vie qui s'épanouit lentement au plus profond de nous-mêmes et qui est indéfinissable parce qu'elle est sans cesse renouvelée. Tout ce qui la manifeste (les symboles, les idées, les croyances) n'en est que l'enveloppe changeante, suivant les différentes doctrines et les différentes notions que l'homme se fait de Dieu lorsqu'il pense au problème de son salut. » Ainsi les études que nous allons faire traiteront beaucoup plus de la vie spirituelle que de dogmes et de croyances. Naturellement une étude de mystique comparée est particulièrement attirante pour les aspirants qui cherchent une voie mystique personnelle. L'effort qui est fait dans ce livre est de mettre en lumière la fraternité des religions. Pour les Hindous comme pour les mystiques chrétiens l'expérience seule apporte la conviction ferme de l'existence de Dieu et la transformation de la nature humaine par le contact avec le Divin.

Dans le deuxième chapitre le Swâmi parle de l'ascèse, discipline que l'on retrouve dans plusieurs religions. Il a trouvé de nombreuses ressemblances entre l'enseignement de saint Jean de la Croix et l'ascèse pratiquée par les Hindous. L'étude du Yoga commence au troisième chapitre et se poursuit dans les trois chapitres suivants avec les trois principaux Yogas : Jnana, Bhakti et Raja Yogas. Comme tout le monde aime trouver des points communs entre sa pensée et celle des autres, nous croyons que ce livre apportera aux Chrétiens une bonne compréhension du vrai Yoga.

Le Centre de Gretz a été fondé il y a cinquante ans par le vénéré Swâmi Siddheswarananda et nous sommes heureux de présenter au public ce livre de grande importance.

SWÂMI RITAJANANDA.

1

Pensée indienne et spiritualité carmélitaine

1

Pensée indienne et spiritualité carmélitaine [1]

Qu'il me soit permis, avant de commencer, de saluer la présence parmi nous de Son Excellence, Dr P.-P. PILLAI, représentant de l'Inde à Paris. Dans le geste de courtoisie qu'il a accepté de faire en venant présider cette réunion, je vois l'intérêt qu'il témoigne au rapprochement de nos deux cultures.

Je suis également très touché par la présence du R. P. BRUNO, mon ami, et par celle d'autres religieux.

Mon intention est de vous présenter en une série de conférences quelques points de concordance entre la mystique chrétienne, particulièrement carmélitaine, et la pensée indienne. Cette étude n'a pas la prétention d'être définitive : elle ne vise qu'à faire jaillir de la confrontation des deux courants de pensée certains éclaircissements.

Il y a peut-être trente-cinq ans, alors que j'ignorais tout de la mystique carmélitaine, je pris connaissance des écrits de Frère Laurent de la Résurrection. La pensée chrétienne jouissant dans l'Inde d'une grande faveur, notre Math (Monastère) publiait régulièrement quelques textes et c'est ainsi que je lus les seize Lettres qui venaient d'être traduites de lui. Il me semblait que c'était alors ce dont j'avais parti-

1. Première conférence d'une série intitulée « Études de mystique comparée », donnée sous les auspices du Centre de Recherches Philosophiques et Spirituelles, et prononcée le 15 janvier 1949, à l'amphithéâtre Richelieu (Sorbonne), sous la présidence du Dr P.-P. Pillai, ministre plénipotentiaire et chargé d'Affaires de l'Inde.

culièrement besoin. Frais émoulu de l'Université, avec un bagage uniquement intellectuel, j'avais été dirigé dès mon arrivée au Monastère vers un travail pratique auquel je n'étais pas habitué : nettoyer les parquets, faire la vaisselle, cuisiner, etc. Ces occupations, que j'acceptais avec joie, me paraissaient cependant difficiles à concilier avec la vie contemplative que j'avais eu primitivement le désir de mener.

La lecture de Frère Laurent fut quelque chose qui me bouleversa et m'apporta la paix. Ceux qui connaissent la vie de *Râmakrishna* pourront peut-être comparer la vie de ce frère convers avec celle qu'un jeune domestique illettré — celui qui devait être plus tard *Latu Maharaj* — mena auprès du Maître à *Dakshineswar.* Frère Laurent sut, en effet, concilier dans sa vie le travail manuel le plus assidu et les états de haute contemplation. C'était l'idéal de la *Bhagavad Gîtâ* réalisé sous une forme concrète. Cette vie a joué pour moi le rôle d'une confirmation de la vérité contenue dans notre enseignement traditionnel.

> « Quand dix personnes en même temps me demandaient la même chose, j'étais, dit Frère Laurent, aussi tranquille et recueilli que si j'avais été devant le Saint Sacrement. »

Comme les disciples de *Râmakrishna*, pour lesquels nous nourrissions une telle admiration, cet humble moine d'Occident avait réalisé en lui l'union de la vie spirituelle avec la vie active et vécu en pleine harmonie. Son action, loin d'être étrangère à sa contemplation en découlait comme le fruit, et la contemplation elle-même, loin d'être une fuite de la vie, la prolongeait. C'est cet équilibre entre l'oisiveté de Marie et l'activité de Marthe, trouvée en lui, qui réveillait en moi comme un écho de la *Gîtâ* :

> « Celui qui, dans l'action, peut voir l'inaction, et qui peut voir l'action continuant encore dans la cessation des œuvres, celui-là est, parmi les hommes, l'homme de raison vraie et de discernement ; il est en *yoga* ;

il est l'ouvrier universel pour le bien du monde, pour Dieu dans le monde. » (Ch. IV, vers. 18.)

Parlant aujourd'hui si près de l'endroit où Frère Laurent travaillait, rue de Vaugirard, je suis heureux de lui offrir l'hommage que l'on doit à un *upa guru.*

J'ai fait, depuis lors, la connaissance des nombreux ordres religieux qui existent en France : j'ai eu le privilège d'être accueilli à la Grande Chartreuse, également dans trois couvents trappistes, et de demeurer quelque temps dans un couvent dominicain. Le R. P. BRUNO a courtoisement mis à ma disposition une excellente documentation sur les Carmes et m'a permis de passer quelques jours dans le couvent d'Avon. Je connais maintenant d'un peu plus près la vie monastique de l'Occident. J'ai voulu également pénétrer à l'intérieur de leur vie spirituelle ; c'est pourquoi j'ai étudié de très près sainte Thérèse d'Avila, saint Jean de la Croix, sainte Thérèse de l'Enfant-Jésus et sœur Elisabeth de la Trinité. Ces écrits m'ont révélé une véritable fraternité d'âme avec la mystique indienne. Je dois dire, cependant, que je ne me placerai pas ici au point de vue religieux.

La religion élève des barrières entre les hommes car elle s'appuie sur des concepts qui sont en même temps des signes de ralliement et de provocation. C'est pourquoi il ne peut pas y avoir d'amitié entre les religions particulières si l'on tient compte des valeurs doctrinales et théoriques. Le mot de spiritualité, plus conforme à nos idées, est d'un ordre plus universel : il désigne cette vie qui s'épanouit lentement au plus profond de nous-mêmes et qui est indéfinissable parce qu'elle est sans cesse renouvelée. Tout ce qui la manifeste (les symboles, les idées, les croyances) n'en est que l'enveloppe changeante, suivant les différentes doctrines et les différentes notions que l'homme se fait de Dieu lorsqu'il pense au problème de son salut.

Mais si nous prenons le mot de religion comme signifiant cet effort de l'homme pour réaliser un plus haut niveau de conscience, une transformation de son être, alors nous découvrirons à l'intérieur même des différentes religions quelque variées qu'elles soient, une véritable unité d'aspiration, un achèvement dans le sens d'un épanouissement de l'âme, une conversion enfin, qui fait de l'être animal qu'était l'homme un être divin. Et cela quelle que soit la religion à laquelle il appartienne, dans la mesure où celle-ci ne consiste pas en vaine discussion, en polémiques et en subtilités.

Cette conversion est le fruit d'un élan spirituel et les pratiques religieuses auxquelles l'homme adhère n'en sont que l'expression sur le plan matériel. Cette expression peut d'ailleurs revêtir des formes multiples. Comment exiger que des doctrines, des croyances si différentes se traduisent par les mêmes rites et les mêmes sacrements ? Ce point de vue est, je le sais, inacceptable pour un chrétien.

> « Comment pouvez-vous, m'a-t-on souvent demandé, subordonner la doctrine à l'expérience religieuse et à la transformation du caractère, toutes choses qui, justement, sont pour nous des acquisitions de la doctrine antérieurement possédée, c'est-à-dire de la foi ? »

Ma réponse est simplement que ce n'est jamais en insistant sur la question des principes et de la doctrine que l'on a augmenté chez un être l'amour et la compréhension ; ces principes ont bien davantage, en posant des frontières, tendu à exclure et à diviser. Ils n'ont créé ni l'amour ni la mutuelle compréhension. Si nous considérons la vie des grands mystiques, au contraire, nous voyons s'achever en elle une espèce de réalisation spirituelle qui les rend tous frères dans un même élan de sympathie pour l'humanité. Oublieux des barrières doctrinales et des divergences théoriques, ils sont seulement amoureux de la Vérité, sous quelque forme qu'ils l'aient découverte et cet amour rayonne et attire comme aucun dogme ne le fera jamais. C'est pourquoi je pense que le mot de spiritualité possède pour tous les hommes un plus grand attrait que le mot de religion.

C'est surtout dans la mystique carmélitaine que j'ai rencontré cette poussée intérieure de l'âme qui caractérise les penseurs hindous. Est-ce parce que cette mystique, tout entière tournée vers la montée intérieure de l'âme se désintéresse — à son origine — des conquêtes extérieures et du prosélytisme si étrangers à l'esprit hindou ? Ou bien — comme certains déjà l'ont dit — la mystique carmélitaine aurait-elle, à son insu, reçu l'empreinte de la pensée soufie ? Il y aurait alors un véritable lien entre elle et l'Inde par l'intermédiaire de l'Espagne.

Quoi qu'il en soit de cette interprétation, j'essaierai néanmoins d'établir un rapprochement sur trois points de comparaison : j'étudierai, de part et d'autre, le contenu de la conscience au cours de trois moments successifs :

— l'oraison ou la discipline purificatrice,
— le don de soi à Dieu avec l'accompagnement de la souffrance,
— l'union à Dieu.

Au cours de cette étude où je m'appuierai surtout sur le contenu psychique des expériences, j'aurai l'occasion de signaler de grandes différences concernant des notions fondamentales comme celles, par exemple, de l'âme et de Dieu. Ces différences n'engagent en rien le contenu de l'âme ; elles n'ont d'importance que, parce que conduisant à des interprétations également différentes, elles sont génératrices d'incompréhension. C'est ainsi que la notion que nous faisons d'une mère aux Indes n'est pas la même que celle que vous en avez en Occident. L'expression du sentiment, aussi, est différente : aux Indes, on n'embrasse pas, on s'incline en joignant les mains. Peut-on dire cependant que l'amour ne soit pas le même sur les deux continents ?

Nous n'avons pas votre manière cartésienne de considérer les facultés de l'âme comme émanant d'un principe opposé à la matière et qui serait l'esprit. L'esprit est pour nous tout entier en dehors des déterminations et tout ce qui apparaît dans ce monde sous une forme subtile ou grossière, fait partie de la *prakriti*, c'est-à-dire de l'énergie créatrice du Divin. L'âme — *jivâtma* — vue du côté de l'enveloppe constituant son organe interne, est donc une portion matérielle — quoique subtile — de l'univers (*prakriti*). *Brahman* est pour nous la base immuable de toute existence ; l'on ne peut pas rapprocher cette notion de celle de Dieu, car *Brahman* est sans attribut, solitaire (*kevala*). L'on pourrait mieux traduire votre notion de Dieu par celle d'*Ishwara*, le Seigneur de l'Univers, ou celle de *saguna Brahman*, le *Brahman* avec attribut.

Encore une fois cette distinction de notions que nous devons faire (sous peine d'encourir le reproche de syncrétisme en essayant de réconcilier des irréconciliables), ne nous empêche nullement de reconnaître au-dessous d'elles une identité d'aspiration.

Vous savez peut-être comment *Râmakrishna* illustrait cette espèce de désaccord existant sur ce point entre la théorie et la pratique :

> « Deux personnes, s'étant mises à discuter sur la nature de Dieu, en étaient venues aux coups, quand arriva un passant qui, jugeant que la situation devenait dangereuse, crut bon d'intervenir. « Vous avez peut-être vu Dieu ? » demanda-t-il à l'un des disputeurs quand il eut été mis au courant du problème. — « Non », répondit celui-ci. — « Mais sûrement votre père l'a vu ? — Pas plus que moi. — C'est donc votre grand-père ? Non point. — Il en est sans doute de même pour vous ? dit-il à l'adversaire. Pourquoi alors vous donnez-vous la peine de discuter sur ce qu'aucun de vous n'a ni vu ni entendu ? »

Telle est l'impasse à laquelle on parvient lorsque l'on ne s'appuie que sur des théories. Les mystiques, au contraire, nous emportent sur le terrain de l'expérience rendant ainsi possible une véritable fraternisation.

Vous objecterez peut-être que cette expérience est différente ; c'est alors sur le terrain du caractère et des réactions en face des difficultés de la vie que nous trouverons la même paix, le même amour.

Mais je suis d'avis que l'on peut trouver une fraternité mystique même à l'intérieur de l'expérience, si l'on se contente, bien entendu, d'examiner le contenu psychique de ces états d'union. Le mystique n'a besoin de dogmes et de croyances que lorsqu'on lui demande d'en donner l'explication, car l'esprit ne peut comprendre qu'en inférant du particulier à l'universel. Il vaut donc bien mieux pratiquer les vérités religieuses que passer son temps à argumenter sur les théories.

Nous commencerons aujourd'hui par l'exercice considéré de part et d'autre des deux hémisphères comme fondamental pour la vie religieuse : l'oraison.

L'oraison, vous le savez, n'est pas autre chose qu'une prière ardente en vue d'entrer dans l'intimité de Dieu, c'est un moyen par lequel, pour ainsi dire, nous Lui présentons nos lettres de créances, afin qu'Il nous autorise à entrer dans Ses demeures.

Les chrétiens considèrent qu'il n'y a pas de meilleure formule d'introduction que le *Notre Père* et sainte Thérèse nous conseille, tout en psalmodiant les mots, de méditer sur leur sens afin de dégager les idées que cette grande prière contient. Il vous faut lire attentivement des chapitres du « Chemin de la Perfection ». Cette oraison, en nous amenant à différents degrés de recueillement, réalise en nous une véritable transformation intérieure.

Nous avons chez nous le même exercice que nous appelons le *japam*. Il consiste à répéter le Nom de Dieu. « *Rama* est la force du faible » chante *Suradas*. Il existe cependant une différence : dans l'Inde on ne répète le Nom sacré qu'après avoir reçu une initiation.

L'initiation (*dîksha*) joue un rôle de premier plan dans notre tradition indienne. Il y en a plusieurs espèces : il y a celle qui confère des *samskaras* en créant certaines dispositions pour la vie spirituelle ; ici le rôle des sacrements est très important.

Il y a aussi celle qui consiste, par le *mantra dîksha*, en un influx de la force spirituelle, à travers un *mantra* ou formule sacrée, que le *guru* transmet à son disciple quand il juge que celui-ci est suffisamment prêt. La répétition du *mantra* est sensée intégrer l'aspirant spirituel à la Divinité. Car l'Hindou croit à la présence objective de l'être spirituel de son Dieu à l'intérieur du Nom communiqué. C'est elle qui par le moyen de la répétition, s'intègre à lui-même et devient une même substance avec lui, rendant ainsi plus spirituel l'individu qu'il était.

Cette notion pour vous est assez nouvelle car la rencontre de l'homme avec la divinité ne se fait chez vous que dans le Saint-Sacrement. C'est là que vous trouvez du Christ, la Présence objective, et l'oraison, les rites, toutes les cérémonies ne sont pour vous que des moyens de vous purifier en vue de vous permettre d'approcher en plus parfaite condition la Sainte Table.

Nous avons aussi l'idée de la présence concrète de Dieu, telle que vous l'avez, dans les *pratikas* un mot très mal traduit par « idoles ». De même que dans le rite catholique, le prêtre invoque la présence du Seigneur dans le pain et dans le vin, l'Hindou l'invoque au moyen de ses rites, soit dans certaines images concrètes, soit dans des *yantras* et des *mandalas* soit, enfin, comme c'est l'usage chez les tantriques de gauche (*vamacharins*), dans le vin.

Chaque fois que le culte est accompli, cette invocation doit se faire dans la forme d'un *âvâhanam*, c'est-à-dire qu'elle doit amener la Présence réelle de la Divinité, suivie d'une communion qui diffère aussi de la vôtre. Ce n'est pas pour moi l'occasion d'en parler. Je veux insister ici sur la communion à travers le *mantra.* Toutes les autres peuvent être considérées comme des formes extérieures à côté d'elle, de simples préliminaires concrets conduisant à une communion plus subtile, celle de l'aspirant avec la Divinité dont le nom lui a été communiqué par un *guru* qualifié. Elles sont donc facultatives tandis que le *mantra* est vraiment le son *porteur de la Divinité.*

Certes, l'on peut voir le *mantra*, comme un nom ordinaire, imprimé, par exemple, mais cela ne fera pas de vous un vrai initié. Pour être initié, il vous faudra l'avoir reçu par la voie de la succession apostolique, c'est-à-dire par un *guru* qui l'aura lui-même reçu d'un Maître, etc., en remontant la chaîne vous devez arriver à la divinité.

Répéter le *mantra*, c'est donc communier avec la force spirituelle contenue dans la divinité. Le *mantra* est donc bien une présentation objective du Divin sous la forme vibrante du son.

Et de même que vous considérez que dans la Sainte Hostie le Seigneur est renfermé en Présence, Puissance et Essence, de même nous considérons que le *mantra* enferme la divinité. Différant en cela des *pratikas* où sa Présence a besoin d'être chaque fois évoquée, le Seigneur se tient dans le *mantra* comme dans un Tabernacle de l'Adoration perpétuelle.

La responsabilité du dévot demandant l'initiation est exactement celle du chrétien qui désire communier. Il doit, préalablement, se purifier, s'il a commis quelque faute, par les rites expiatoires, car sans un ardent amour pour Dieu, la répétition du *mantra* est inefficace. Ces conditions réalisées, le disciple qui répète le *mantra* se transforme certainement.

> « Croyez-vous que le Nom de Dieu soit insignifiant ? disait *Râmakrishna*. Lui et Son Nom sont identiques. *Satyabhama*, en entassant de l'or et des bijoux ne put faire monter d'un doigt le plateau de la balance sur lequel se tenait le Seigneur, mais *Rukmini* y parvint lorsqu'elle eut simplement posé une feuille de *tulsi* sur laquelle était gravé le Nom de *Krishna*, le Seigneur Bien aimé. »

Et il ajoutait :

> « Lorsqu'on arrive à croire en la Puissance du saint Nom de Dieu, et qu'on se sent disposé à le répéter constamment, ni discernement, ni exercices de piété ne sont plus nécessaires. Tous les doutes sont apaisés, l'esprit devient pur. Dieu Lui-même est réalisé par la Puissance de Son saint Nom. »

Et enfin :

> « Quiconque prononce le Nom de Dieu, sous quelque forme que ce soit, volontairement ou involontairement, finit par trouver l'immortalité. »

Essayons maintenant de voir comment se réalise cette transformation qui est aussi bien, nous l'avons vu, le fait du *japa* que de l'oraison chrétienne : Pour emprunter à sainte Thérèse son vocabulaire, l'oraison comme le *japa* agit sur les « Puissances ». (C'est ainsi qu'elle appelle les trois facultés de l'âme : la volonté, la mémoire et l'entendement.)

La volonté, encore faible chez l'aspirant, est mise par l'oraison ou le *japa*, en contact avec une grande figure spirituelle par qui elle est comme réveillée. L'amour qui s'échange alors canalise les énergies jusqu'ici dispersées.

Mais, selon les paroles de sainte Thérèse d'Avila, il n'est pas encore assez fort pour « lancer sa flèche au cœur de la divinité. » Il faut, pour cela, une énergie purifiée et c'est ici qu'entre en jeu la mémoire.

La mémoire s'exerce au sein de toutes nos facultés, de concert avec l'imagination. Nous entraînant vers le monde sensible elle provoque en nous, par un oubli de l'essentiel, toutes les défaillances de notre volonté. Une volonté qui n'a pas été purifiée ne peut être une volonté forte car elle ne sait pas de quelle région ignorée d'elle-même pourront surgir un jour des forces qui viendront balayer l'œuvre qui commençait (les *samskaras* du passé).

Notre véritable volonté ne peut donc s'éveiller que pendant la nuit des sens et de l'esprit alors que dorment les « puissances ». C'est à ce moment que la mémoire retrouve Dieu et que l'Intelligence que nous appelons la *buddhi*, commence à s'éveiller. L'âme semble alors passive. C'est que toute sa force est utilisée à mieux se recueillir pour s'unir plus étroitement au Divin.

> « Tant que l'esprit reste attaché à la conscience du monde extérieur, il voit des objets matériels et réside dans le fourreau physique de l'âme (*annamâyâkosha* : la gaine faite de nourriture). Lorsque l'esprit est dirigé à l'intérieur, c'est comme si l'on fermait la porte de la maison et si l'on pénétrait dans les appartements intérieurs. L'esprit va du corps grossier au corps subtil,

de là dans le corps causal et ensuite il atteint l'état causal ultime. Parvenu à ce point, il plonge dans l'Absolu dont rien ne peut être dit. »

Ces paroles de *Râmakrishna*, très proches de celles de sainte Thérèse, décrivent assez bien cette montée de l'âme qui se produit au cours de l'oraison.

L'on entend dire parfois que les Hindous considèrent l'état d'union avec Dieu comme une simple performance de la volonté humaine obtenue presque automatiquement grâce à cette espèce de gymnastique appelée *yoga*. C'est là une grave erreur.

La méthode du *yoga* est une simple méthode purificatrice : elle a pour but d'enlever les obstacles qui barrent la voie de l'aspirant, l'empêchant de réaliser cette plénitude de conscience à laquelle il aspire.

Il va sans dire qu'aucun mécanisme mental si perfectionné qu'il soit ne peut atteindre Dieu. Comment l'illimité, l'extra-sensoriel (*atîdriyam*), le sans-mesure pourrait-il entrer dans le cadre limité de nos appareils d'appréhension (*manas*, *buddhi*, *chitta ahamkâra*) ? Aucun de ces instruments psychiques ne peut être par lui-même porteur du message divin.

Nous disons comme vous que la Grâce de Dieu seule nous permet de Le connaître. La Vérité est un éclair qui illumine la *buddhi*. On dit qu'elle est *buddhi-grâhyam* saisie par elle, mais ce n'est pas une intellection. C'est une illumination. Les facultés mentales n'interviennent pas ; c'est alors qu'elles sont au repos que la Vérité leur est pour ainsi dire révélée : *pratyakshâvagamam*.

Dans l'état ordinaire de la conscience, la *buddhi* supérieure est le point d'intersection où la Lumière de la Conscience Suprême vient se réfracter en une multitude de rayons, faisant ainsi apparaître l'Un indéfiniment multiplié.

Cette multiplicité est encore augmentée par cette faculté de l'âme créatrice d'images (*samkalpa* et *vikalpa*) qui projette l'esprit vers la multiplicité.

Le *chitta* est le siège de toute mémoire, et il vient avec l'*ahamkara*, c'est-à-dire le sens du moi pour s'approprier, à travers le filet des images mentales, tout ce à quoi la *buddhi* inférieure décide de penser. C'est seulement lorsque les errements de l'esprit sont supprimés, par la maîtrise de la mémoire et de l'entendement, que la *buddhi*, siège de la décision pure, peut alors refléter le Divin.

> « « Seule l'Intelligence Suprême (*bodha svarupâ*) peut réaliser l'Intelligence Suprême », disait *Çri Râmakrishna*, et il ajoutait : « C'est là le sens de l'expression : Dieu est inconnu et inconnaissable. » »

La *buddhi* supérieure dont il s'agit ici n'appartient pas au monde manifesté, elle ne fait pas partie de notre appareil mental. Elle est en nous à l'état causal, la Conscience Suprême inaltérée.

Ces catégories samkhyennes correspondent d'assez près à la division que donne sainte Thérèse des facultés : des deux côtés le processus mental semble bien le même :

> « Quand son nid a été détruit, dit *Râmakrishna*, l'oiseau s'envole vers le ciel. De même quand le mental n'a plus conscience du monde extérieur et du corps, l'âme de l'homme se plonge dans le Ciel Suprême. »

Illuminée par cette intuition surnaturelle, l'âme qui revient de cet état rayonne la paix (*shânti*).

Le second point que nous ayons à étudier est celui de la souffrance. La paix à laquelle parvient le saint fut souvent précédée d'un long et dur combat. Chez vous comme en Orient, la souffrance est la porte qui ouvre la voie spirituelle, en nous permettant de découvrir très près de nous la présence de Dieu. La notion que nous en formons de part et d'autre des deux hémisphères est néanmoins différente. Pour vous, héritiers de la pensée grecque et surtout de la théologie hébraïque, la vie garde presque toujours une résonance douloureuse, tragique. La religion ne se conçoit que par la participation aux douleurs de l'Homme-Dieu crucifié. C'est qu'elle s'encadre dans une histoire du péché et une perspective de rédemption particulière : sans les souffrances du Fils envoyé par Dieu, qui aurait pu être sauvé ? Réduit à ses propres forces, l'homme ne pouvait trouver la voie du salut. Seule la venue de Jésus, son amour, son sacrifice, ont accordé aux hommes ce que vainement jusque-là ils avaient cherché : la rédemption.

Depuis ce moment, considérée comme une coopération à l'œuvre de la Croix, la souffrance vous apparaît nimbée d'une auréole particulière. Je me souviens d'avoir assisté, en 1938 dans l'église de la Trinité, à un spectacle qui m'a beaucoup touché : c'était au moment du Vendredi Saint ; je vis au pied de la croix une petite fille pleurer en embrassant les pieds du Christ. Cette attitude envers la souffrance n'est pas une attitude qui nous soit familière. Nous pouvons la comprendre mais nous gardons une autre manière de voir. La note dominante de la pensée indienne est celle de la Paix. Il n'y a pas de tragédie dans notre littérature : dans nos drames, le dénouement doit être heureux et laisser le spectateur rempli de sérénité. Notre religion, quoique fondée sur la notion de sacrifice — le monde est le fruit du grand sacrifice du *Purusha* : « Je suis Moi-même le Seigneur du sacrifice, « *adhiyajna*, ô *Partha* », dit le Seigneur dans la *Gîtâ* — ne comporte ni la notion que vous avez de l'irrémissibilité de la faute, ni celle de la nécessité absolue d'une nouvelle « création » — j'utilise ici les paroles de saint Paul :

> « Ignorez-vous que nous tous qui avons été baptisés en Jésus-Christ, c'est en sa mort que nous avons été baptisés. Nous avons été ensevelis par le baptême en sa mort, afin que, comme Christ a été ressuscité des morts par la gloire du Père, de même nous aussi marchions en nouveauté de vie... sachant que notre vieil homme a été crucifié avec lui afin que le corps de péché soit détruit. » (*Romains*, VI)

ni celle enfin de l'unicité de la voie qui est ainsi ouverte par le Rédempteur divin.

La clef de voûte du christianisme, considéré comme une

religion de salut réside bien dans le sacrifice sanglant de la croix. Pour nous, Hindous, chez qui la notion de faute n'est jamais celle d'une faute irrémissible, les ponts ne sont jamais coupés entre l'homme et Dieu. Si la venue d'une Incarnation s'avère nécessaire, c'est que « le vice abonde et que la vertu est sur le point de succomber » (*Gîtâ*). Les routes qui menaient au divin ne sont pas barrées ; elles sont simplement devenues impraticables et le progrès de l'homme s'en est trouvé arrêté. L'Avatar est un messager :

> « Quand l'Idée religieuse s'affaiblit dans une partie du monde, Dieu envoie son messager pour qu'il enseigne aux hommes le chemin qui mène à lui » (*Râmakrishna*).

La souffrance ne nous apparaît pas comme étant en elle-même de nature spirituelle. Nous la considérons comme l'état naturel qui convient aux composés impermanents dont nous sommes formés. Si elle jouit à nos yeux d'un certain prestige c'est qu'elle nous permet de mieux comprendre quels sont les facteurs qui constituent notre personnalité.

Tout ce qui existe, existe, en effet, par suite d'actes successifs de composition causés par le désir (*kama*). Le désir en se projetant sur les choses matérielles et passagères entraîne l'être à s'identifier avec elles dans une recherche infinie qui fait de lui un flot incessant de compositions successives mal équilibrées.

La souffrance se produit lorsque cette tension est portée à son maximum d'intensité. Il arrive alors — c'est ce qui se produit le plus souvent — que l'homme, incapable de supporter cette tension, s'efforce de la briser en détournant sur d'autres objets l'attention qui maintenait cohérente son individualité dans une direction donnée. Il existe pour l'homme divers moyens de se consoler, depuis les pleurs jusqu'aux spéculations les plus élevées. Ce sont là autant de béquilles qui permettent à l'homme de continuer à vivre de la même façon, en empruntant une autre voie. Ces béquilles sont nécessaires et je ne songe pas à les dénigrer. Je ne suis pas du tout de l'avis de certains penseurs qui vont jusqu'à refuser à l'homme la consolation de toutes les églises. Mais je veux ici vous exposer une connaissance plus haute convenant à des intelligences extrêmement évoluées, désireuses de la seule compréhension. Lorsque l'homme accepte de supporter sa souffrance, grâce à cette vertu dont il est doué que nous appelons *titiksha* (l'endurance), sans essayer de détourner le potentiel de forces accumulées sur quelque activité de remplacement, il voit alors l'énergie qui, jusqu'ici, augmentait la tension de son être, se déplacer pour venir alimenter sa conscience et l'illuminer. Le centre de perspective a changé, et les facteurs, qui composaient son individualité, se désagrègent. L'énergie, abandonnant les éléments transitoires, se retourne vers l'Être permanent qui est la base de la personnalité, la Conscience Suprême, l'*Atman.*

> « Comprends-moi comme le Connaisseur du champ, en tous les champs, ô *Bharata* ; c'est la connaissance du champ et de son connaisseur qui est la vraie illumination et la seule sagesse. » (*Gîtâ*, ch. XIII, vers. 3.)

De même que dans le rêve le *manas* cesse de s'identifier au corps matériel (*annamâyâkosha*) et *prânamâyâkosha*), ou que, dans le sommeil profond, l'*ânandamâyâ* cesse de s'identifier au *manomâyâ* et au *vijnanamâyâ*, c'est-à-dire au *manas* et à la *buddhi* inférieure, de même, ici, lorsque l'homme consent à garder l'attitude du spectateur, son esprit, se détachant des enveloppes extérieures, atteint l'état causal non manifesté, il réalise alors l'expérience de l'Être : on dit qu'il est libéré.

Cette expérience nécessite un grand courage car la volonté engagée jusqu'ici dans des expériences sensibles doit traverser le néant, c'est-à-dire qu'elle doit consentir à cesser tout rapport avec le manifesté et à ne se contenter de rien. C'est ce qui arrive dans des cas très rares comme, par exemple, après la mort d'un être très cher, au cours des derniers degrés de la *sâdhanâ*, etc., lorsque le vouloir vivre, détaché de toute satisfaction matérielle et tout entier concentré sur lui-même, « appointé » (*ekagrata*) et fait retour aux sources de Vie.

Toute vie passe ainsi par des états de tension perpétuelle

qui font d'elle une longue vallée de misère engendrée par les désappointements du désir frustré. La tension peut être virtuelle, elle est comme une maladie à l'état latent : l'être est satisfait. Ce n'est que lorsqu'elle se réveille, c'est-à-dire dans les moments de souffrance aiguë qu'il nous est permis de l'étudier. Seul le Sage qui n'a plus de passé, qui n'a pas d'avenir, parce qu'il vit dans la plénitude de l'Être, réalise cet état qui est au-delà de la souffrance et connaît la félicité.

> « C'est la fin du contact avec le chagrin, la rupture du mental avec la douleur. La conquête inaliénable de cette félicité, c'est là le *yoga* » (*Gîtâ*, ch. VI, vers. 23).

Telle est la réaction de la pensée indienne en face du problème de la souffrance : la souffrance, considérée comme le spécimen le plus authentique de la Vie égarée dans la multiplicité. C'est en regardant la souffrance en face que notre intelligence est illuminée.

Du point de vue religieux nous pouvons aussi considérer la souffrance comme une épreuve qui nous est envoyée par Dieu dans l'intention de mesurer notre fidélité à son égard : « Ne me laisse pas sans souffrir, disait *Kunti*, la mère *d'Arjuna* s'adressant au Seigneur, car dans le bonheur, je t'oublierais. »

De part et d'autre, la souffrance réalise dans l'être une transformation. En l'offrant dans le geste du Christ, le chrétien en retire une élévation de conscience qui est déjà une participation au Royaume des Cieux. L'Hindou, en essayant de la comprendre, rencontre la sérénité. Dans l'un et l'autre cas, en nous détachant de nous-mêmes, la souffrance nous amène à faire un don total de notre personne à Dieu. L'accepter, c'est s'abandonner corps et âme à la volonté divine. « Ce n'est plus moi qui vis, disait saint Paul, ... » — « Ce monde est irréel, plein de souffrance, sache-le et consacre-toi entièrement à Moi », dit la *Gîtâ* (*anityam asukham lôkam imam prâpya bhajaswa mâm*).

C'est par cet abandon de soi à la volonté divine que la souffrance est vraiment la voie d'accès à Dieu.

Le troisième point de rapprochement est l'expérience spirituelle, l'immersion de l'être dans le Divin. Plusieurs personnes connaissant les différentes étapes d'expérience spirituelle chez sainte Thérèse d'Avila, par exemple, tentent, lorsqu'elle connaissent *Râmakrishna*, ou quelque autre mystique hindou, de faire un rapprochement. Cette manière de penser nous empêche de réaliser parfaitement les différentes positions de ces mystiques et leur attitude véritable en face du problème de Dieu. Réduire tout cela. Réduire ces différentes positions à l'unité, c'est créer artificiellement un universel qui s'effondrera à la moindre critique d'une recherche un peu poussée. Si nous cherchons des similitudes, nous devons savoir qu'il nous sera impossible de les trouver dans les différentes doctrines ou dans les différentes interprétations théologiques qui nous ont été données de chaque côté. Le mystique chrétien et le mystique de l'Inde se détachent sur des arrière-fonds intellectuels et doctrinaux complètement séparés. Lorsque je me permets de dire que, dans le contenu psychologique de leurs expériences, on peut déceler certaines similarités, je ne sous-entends pas que : « tout cela est la même chose ». Aucun de nous n'a la possibilité de pénétrer à l'intérieur des extases d'une sainte Thérèse, d'un *Râmakrishna* ou de quelque autre mystique. Ces saints appartiennent à un monde idéal que seul peut apprécier celui qui en a l'entrée. C'est dans la transformation du caractère que nous pouvons observer les similarités. Tous les vrais grands mystiques ont vécu dans l'Amour ; ils ont vu le monde et ils se sont conduits envers lui d'une manière tout à fait différente de la nôtre, pauvres hommes. Ils sont tous devenus, pour employer le langage de la *Gîtâ* : *sthitaprajnas* (des hommes à l'Intelligence fermement établie). Il n'est plus alors besoin de dire que « tout est la même chose », nous reconnaissons aussitôt dans tous les mystiques, de n'importe quelle contrée, le même air de parenté.

S'il est donc permis de rapprocher les extases de sainte Thérèse, par exemple, des différentes étapes du *savikalpa-samâdhi*, nous ne devons pas oublier que la manière de voir selon la révélation hébraïque est presque à l'antipode de la manière de voir selon la révélation des *Vedas*. Ceci dit, il n'en reste pas moins vrai que la psyché humaine, quelle qu'ait été la nourriture doctrinale qui l'ait alimentée au cours de la formation, présente des aspects ressemblants : « Tous les chacals crient de la même façon », disait *Râmakrishna*. Après avoir goûté à la même réalité, le langage des mystiques fait entendre les mêmes accords. C'est que tous parlent au fond de la même union. Et de même que pendant l'assimilation d'une même nourriture, les mêmes processus bio-chimiques entrent en action, quelle que soit la formation du système physiologique, de même, quelle que soit sa formation religieuse, l'âme dans ses rapports avec le Divin assimile de la même façon. Vous connaissez peut-être l'interprétation intégralement matérialiste que les psychologues modernes, comme Leuba, Morton Prince, ont donnée des expériences spirituelles, réduisant celles-ci à des réactions psycho-physiologiques d'origine glandulaire. Sans entrer dans les exagérations d'un point de vue particulier, nous avons aussi, depuis des temps immémoriaux, catalogué nos expériences rigoureusement contrôlées. Le reproche que l'on peut faire aux psychologues modernes, c'est de ne pas étudier directement le sujet religieux. On peut aussi leur reprocher d'avoir leur jugement vicié par une certaine méfiance à l'égard de l'expérience mystique. En général, d'ailleurs, en Occident, craignant de vous égarer dans les subtilités et confusion de l'état mystique, vous préférez prendre des points de repère objectifs pour les mesurer ; c'est ainsi qu'un de ces points de repère est pour vous la communion du divin par le moyen du Saint-Sacrement. Les mystiques sont des êtres exceptionnels qui, au cours de cette vie même, reçoivent par grâce divine, certains moyens de connaissance que l'homme ordinaire ne possède pas. Comme la recherche de ces grâces conduit souvent à travers des états de déséquilibre, les mystiques ne sont pas encouragés. Manquant peut-être de données suffisamment rigoureuses pour formuler les lois de la mystique, vous préférez vous abriter derrière la Doctrine, que vous imposez comme offrant plus de sécurité. Tout ce qui est réclamé, c'est une vie juste selon les commandements de Dieu et les règles de l'Église. Le Saint-Sacrement vous permet d'introduire dans la mystique un critère d'objectivité ; car c'est là que la rencontre se fait entre l'homme et le divin. L'âme chrétienne ne doit pas chercher en dehors des pratiques régulières de son Église ; elle risquerait de tomber sous l'influence du grand Tentateur.

La foi chez nous, loin d'être quelque chose d'organisé, permet une multitude de points de vue doctrinaux. Certains même de ces points de vue n'admettent aucun concept religieux. Nous avons été amenés à chercher ainsi en dehors de toute doctrine particulière un terrain d'entente expérimental ; ce terrain, c'est le *yoga* qui définit les différents états de conscience en rapport avec les différentes pratiques et qui fait de la méditation une science à la fois physique et mentale. Il va sans dire que la méditation n'est qu'un état de préparation pour le contact divin ; comme nous l'avons vu, l'esprit est incapable d'atteindre l'inexprimable. Tout exercice mental aussi discipliné qu'il soit ne pourra jamais parvenir à Cela d'où « les paroles retombent sans avoir pu Le capter ». La contemplation du divin est une grâce infuse mais il n'en reste pas moins vrai que les différentes étapes de la préparation tombent, en tant que dispositions mentales, sous la juridiction du *yoga*. Il va de soi que les manifestations extérieures comme la lévitation, la formation d'auréoles, les miracles, sont des phénomènes qui peuvent appartenir à un entraînement yoguique. Les extases, à leurs différents degrés, peuvent être étudiées du point de vue des niveaux de conscience qui les accompagnent, niveaux de conscience qui seraient l'expression de l'éveil de ces centres de forces que nous appelons les *chakra*. Le mot d'extase signifie littéralement l'état auquel on parvient lorsqu'on est hors de soi. Nous employons pour désigner cet état le terme *bhâva-samâdhi* qui vient de la racine « *bhu* », qui veut dire croître, devenir. La croissance ici consiste en une expansion de conscience, celle qui caractérise l'entrée dans des régions de plus en plus vastes de la réalité. Il s'agit également de sortir du moi pour fusionner avec le Soi divin.

Je voudrais maintenant vous parler d'un malentendu qui

existe à ce sujet. Quand un Hindou lit une étude, comme celle du R. P. Garrigou-Lagrange sur les mystiques comparées, il est un peu choqué d'apprendre que les païens ne peuvent pénétrer sur la voie mystique au-delà de la quatrième demeure. Bien que ce jugement soit sévère, une connaissance de la pure doctrine catholique lui permettra de l'apprécier. Pour elle, en effet, c'est le Saint-Sacrement seul qui rend possible un contact objectif et réel avec le Christ et permet ainsi à l'âme initiée d'entrer dans la quatrième demeure. Le chanoine Lépée, dans sa remarquable thèse sur sainte Thérèse, insiste sur le caractère objectif de cette expérience :

> « Jésus-Christ ne lui a-t-il pas d'ailleurs confié, écrit-il, que — selon les paroles de la sainte — depuis qu'Il est remonté dans les cieux, Il n'est jamais descendu sur la terre pour se communiquer aux hommes, si ce n'est dans le très Saint-Sacrement » (p. 459).

Les visions de sainte Thérèse, quoique réelles en ce sens qu'elles ne sont pas imaginaires, ne sont pas pourtant douées de ce caractère d'objectivité, auquel vous autres Occidentaux donnez la primauté. Bien que venant de l'Esprit Saint par la Grâce du Seigneur Lui-même, elles ne possèdent pas la valeur que possède aux yeux d'un chrétien l'acte objectif de la Communion indispensable au salut. Lorsqu'un dévot est béni par la grâce de ces visions, ce qui compte surtout pour lui c'est qu'il ne dévie pas de la Foi chrétienne, foi entretenue par la communion, la confession et les autres exercices religieux. Chacune de ses expériences doit être ainsi conforme à la Foi chrétienne ; l'écart le plus léger par rapport à cette Foi suffit pour faire considérer son expérience et la théorie qu'il en tire comme hérésies, position exactement inverse de la nôtre où la théorie ne vient jamais qu'appuyer le plus grand nombre possible de faits. Dans la mystique, chez nous, l'expérience est supérieure à la théorie et si, du point de vue chrétien, un Hindou n'ayant pas la foi — je prends ce mot dans le sens donné par l'Église catholique — ni les moyens d'expression autorisés de cette foi, ne peut pas arriver au-delà de la quatrième demeure, il est tout à fait légitime que nous, Hindous, qui avons une autre conception de Dieu et pour qui l'expérience mystique n'est limitée par aucun dogme à priori, considérions que nous pouvons accéder aux plus hauts états de l'Union.

Nous n'accordons pas non plus la même importance que vous à l'objectivité. Certes, pour nous aussi, le monde existe, mais l'homme n'y occupe pas la place que vous lui faites occuper. Dans la manière de voir chrétienne, le monde est un théâtre où se joue un drame historique représenté par les aventures des descendants d'Adam avec le péché. L'espace est clos, le temps est un décor statique et vide et l'homme est le premier acteur du drame où entre en jeu la divinité. Pour l'Oriental, l'espace est comme *Brahman*, sans limites, et le temps est lui-même créateur de la multiplicité. Cette pensée n'est rien moins qu'anthropocentrique ; car elle ne cesse de considérer ce panorama infini du cosmos à travers lequel évoluent des êtres plus ou moins libérés. Rien n'y est statique, rien non plus ne possède une absolue réalité. A l'état de veille, ce qui existe se divise en objets et en idées. Mais le contenu de la conscience vient-il à changer, comme, par exemple, dans l'état de rêve ou dans l'état mystique, c'est un autre monde qui apparaît, divisé de la même manière en objets et en idées. Tout comme existe ce *Virat* dans son objectivité, ce monde d'étoiles et de planètes disséminées dans l'immensité de l'espace éthéré (*mahâkâsha*), il existe aussi un monde d'idées, l'*Hiranyagarbha*, derrière lequel se tient la source et le centre de tout le manifesté, la cause suprême, *Ishwara*. A l'intérieur même de ce monde d'idées, l'expérience que vous pouvez faire peut être à la fois objective et subjective. Prenons l'exemple d'un rêve : alors qu'il se déroule il a pour celui qui le fait, la réalité d'une expérience de veille : il possède un contenu objectif que l'on peut opposer aux réactions mentales des personnages qui le jouent, lesquelles nous appellerons subjectives. Il en est de même lorsqu'un individu a la grâce de pénétrer dans le monde des idées, dans le mental cosmique : cet univers présente, tout comme celui du rêve, un aspect d'objectivité. Il n'est en rien moins réel, moins objectif, que le monde rétréci de notre sensibilité, celui qui, dans le bref instant de notre durée, est taillé à notre mesure.

Prenez le cas d'un rêve que je ferais à 2 heures du matin et où j'aurais une conversation avec M. X, à Calcutta. En lui-même ce rêve est subjectif, donc irréel, mais supposez qu'au même moment M. X, à Calcutta, fasse la même expérience qui consiste à me rencontrer à Paris pour me parler du même sujet et que nous arrivions à savoir l'identité de notre rêve. Notre contact a donc bien été, quoique idéal, *objectif au sens de réel.* Tout s'est passé comme si nous nous étions vraiment rencontrés dans un point du temps et de l'espace objectifs. Si notre vie journalière nous offre cette possibilité, pourquoi ne pas admettre des expériences d'un ordre plus élevé dans le domaine des idées ? Selon notre conception indienne, il existe dans le mental cosmique de grands Êtres, les Incarnations passées, avec lesquelles les dévots peuvent entrer en contact ; et nous disons que ce monde auquel on ne peut accéder que par une dure discipline possède encore plus de Réalité objective que ce pauvre monde de l'état de veille si rapidement limité.

Il vous sera peut-être plus aisé de comprendre à la lumière de cette présentation sommaire de notre pensée indienne, comment nous interprétons la rencontre de Jésus par *Çrî Râmakrishna.* Nous n'offenserons personne en disant que ce n'était pas là une expérience chrétienne, *mais une expérience du Christ*, car *Râmakrishna* n'appartenait pas à l'Église et, par conséquent, son contact avec Jésus ne pouvait être objectif si l'on entend par objectif une expérience normale de l'état de veille. Le contact, quoique matériel, eut cependant lieu réellement. Il eut lieu au moyen de cette forme immatérielle que *Râmakrishna* appelait le *nitya-rupa*, le corps glorieux. Ces formes sont éternelles. Vous savez peut-être comment cette vision eut lieu : *Râmakrishna* pensait depuis quelque temps d'une manière intense à Jésus, lorsque, se promenant sous le Panchavati, il vit s'approcher de lui un personnage extraordinaire et rayonnant de sérénité qui le regardait dans les yeux. Il avait l'air d'un étranger : ses yeux étaient beaux et grands, son nez un peu long. *Çrî Râmakrishna* se demandait, tout en le contemplant, qui il pouvait bien être quand, au plus profond de lui-même, il entendit une voix :

> « Celui-ci est le Christ qui répandit son sang pour la rédemption du monde et souffrit l'agonie pour l'humanité. Il est Jésus ; l'Incarnation de l'Amour. » *Râmakrishna* perdant conscience fondit dans cette forme divine. Comme l'expérience de Saul, qui n'avait lui aussi ni communié ni accepté aucun credo, ni croyance, ce fut là un *contact réel avec le Seigneur*. La grâce de Jésus seule fut suffisante et c'est elle qui réalisa dans l'âme du futur apôtre cet épanouissement de conscience qui devait le transformer en disciple fervent de persécuteur qu'il était. Le critère d'objectivité de ces expériences mystiques réside dans les transformations qu'elles opèrent. Ceux qui reçoivent la grâce d'entrer en contact avec Jésus, *Râma*, *Krishna* ou *Bouddha* ont, jusque dans les plus profondes assises de l'âme, leur vie changée. « En vérité il est béni pour toute son existence celui qui a reçu un regard d'amour du divin », disait *Çrî Râmakrishna*.

Que nous soyons hindou, chrétien, musulman, parsi, bouddhiste ou juif, ce que nous cherchons à travers l'expérience des mystiques est ce rayonnement d'amour qui transforme notre vie. C'est dans l'amour que toutes les contradictions s'évanouissent car, pour celui qui l'a réalisé dans son cœur, il n'est plus de diversité.

En présentant cette série de conférences sur un sujet si riche de similarités, la prière que j'adresse au Seigneur est la suivante :

Qu'Il veuille m'accorder la Bénédiction de demeurer dans le sillage de ces deux courants de spiritualité, baigné dans les rayons d'amour qui se dégagent de l'un et de l'autre.

OM. *Shânti*, *Shânti*, *Shânti*.

[illegible] beaucoup et grandi son [illegible]. Ce Maître [illegible] demandait [illegible] comment quoi il pouvait [illegible] plus [illegible] de lui-même, il [illegible]

« [illegible] est le Christ qui répandit son sang pour la rédemption du monde et souffrit l'agonie pour l'humanité. [illegible], l'Incarnation de l'Amour. » Ramakrishna perdait conscience [illegible] dans cette forme divine. Comme l'expérience de Soi, qui [illegible] [illegible] croyance [illegible] avec le Seigneur. La grâce [illegible] fut suffisante [illegible] qui [illegible] dans [illegible] [illegible] de [illegible] [illegible] de ces expé[illegible] [illegible] jusque [illegible] la vie [illegible] son [illegible] [illegible] Ramakrishna.

[illegible] part [illegible] à travers [illegible] amour qui [illegible] [illegible] les [illegible]

[illegible] sujet [illegible] est

[illegible] de [illegible] même [illegible]

OM. Shanti, Shanti, Shanti.

2

Ascèse et Sâdhanâ

2

Ascèse et Sâdhanâ

SELON SAINT JEAN DE LA CROIX ET LA MYSTIQUE INDIENNE

Le sujet que nous allons traiter est ascèse et *sâdhanâ* selon saint Jean de la Croix et la spiritualité indienne.

Ascèse et *sâdhanâ*, ces deux mots pris dans un sens très large contiennent la même idée ; c'est celle de la vie spirituelle, plus exactement la manière de la pratiquer.

Pourquoi doit-on faire une ascèse, pourquoi doit-on faire une *sâdhanâ* ?

L'homme tel qu'il est, se trouve dans un état de désarroi et de déséquilibre ; il devine qu'il peut s'améliorer. Le but de l'ascèse est la vraie transformation de l'être. Elle commence quand l'homme ne peut plus rester dans l'état où il est ; pris dans un carrefour de contradictions, cloué par la souffrance, il désire s'évader de cette condition et arriver sur un plan d'existence où il ne trouverait que le bonheur et la paix. Cette condition bienheureuse, nous l'appelons en sanskrit *shrêyas*. Elle contient tout ce qu'il y a de bien et de beau dans l'existence. On en parle dans les *Upanishad*, particulièrement dans la *Taittirîya*, comme de la jouissance suprême qu'apporte la connaissance de Dieu. Cette connaissance est *manoânanda* : félicité pour l'esprit, *prânârâma*, jouissance supérieure dans l'énergie vitale et *shâniisamridham*, imprégnée dans toutes ses dimensions par la paix. Cet état est le but qui garantit la validité de notre vie spirituelle, mais que faut-il faire pour atteindre ce but ? Ne serait-ce pas une hallucination ?

Non, *shânti* est la Paix dans sa plénitude et la jouissance de *prânârâma* s'est incarnée dans la vie des grands Êtres qui ont eu le courage de partir à la recherche de Dieu. Ce n'est pas là une connaissance livresque, mais une connaissance réalisée au cours même de cette vie.

Elle nécessite au départ l'audace de se regarder soi-même. Nous essayons ordinairement de nous cacher nos faiblesses ; nous n'aimons pas confronter le silence et rester seuls. Le spectre de nos contradictions intimes nous interdit de sortir de cet état d'angoisse dans lequel nous sommes plongés. Il existe heureusement parmi nous des êtres qui désirent sortir de cette impasse : ce sont eux qui nous donnent l'exemple de cette existence suprême. Ce sont de grandes lumières-faites-chair [1] : *Jésus*, *Bouddha*, *Râmakrishna* et d'autres incarnent le but de cette existence et leur rayonnement unique vient illuminer notre nuit. Pareils à des étoiles qui brillent dans la solitude, ils peuvent peut-être nous paraître étranges, mais comparés à ce que nous sommes, dans l'abîme où nous sommes tombés, nous découvrons que toute la Vérité est en eux et nous sommes obligés de nous tourner vers leur lumière.

Ce sont eux qui nous ont tracé les voies de l'ascèse et nous ont appris ce que devait être une *sâdhanâ*. Quels qu'aient été ces grands Instructeurs, le mouvement psychologique qu'ils ont déterminé est le même, bien que les positions doctrinales et les voies empruntées puissent être différentes au départ. Ces instructeurs, qui sont des hommes délivrés de la nature inférieure, possèdent une force active qui fait que ceux qui tombent dans leur orbite sont automatiquement transformés. Il existe une communauté d'esprit dans ces expériences spirituelles. L'ascèse et la *sâdhanâ* sont les moyens qui permettent aux catholiques, aux protestants, aux Hindous et à tous les hommes quelle que soit la religion à laquelle ils appartiennent, de devenir semblables à ces grands Êtres qui sont les bienfaiteurs de l'humanité.

1. *Chidghanarûpa.*

Le mot d'ascèse pris dans son sens étymologique signifie pratique spirituelle, application, exercice.

Le mot de *sâdhanâ* signifie réalisation, moyen employé pour obtenir une fin. Le mot d'ascèse a pris un sens plus restreint que celui de *sâdhanâ*. Il est réservé non seulement à la pratique spirituelle, mais à cette pratique associée avec la vie des moines ou des religieux à l'intérieur des monastères. Le mot de *sâdhanâ* a un sens plus large. Il implique toutes les voies par où l'on s'améliore soi-même. Le but est le même, mais la mortification telle qu'elle est entendue dans l'ascèse chrétienne, n'en constitue que le dernier échelon.

Il existe aussi cette différence que la *sâdhanâ* doit amener la réalisation du bonheur et par suite la transformation intégrale de l'être, sur cette terre même, avant que le corps ne tombe :

> « Celui qui peut dans ce monde avant la libération de son corps résister aux impulsions s'élevant de l'envie et de la colère, celui-là est vraiment installé dans le *yoga* : il est un homme heureux. » Ainsi parle la *Gîtâ* (ch. V, vers. 23).

Dans la pensée chrétienne, le plus haut état que l'on puisse atteindre consiste dans les fiançailles et le mariage spirituels, mais la béatification n'est pas de ce monde. Il existe, d'ailleurs, une position analogue dans la théologie indienne. La *Gîtâ* cependant, qui constitue l'essence de notre enseignement philosophique et religieux, nous donne l'assurance que dès ici-bas nous pouvons contrôler notre état animal et réaliser cette ascension qui conduit au Divin.

Un fait certain c'est que si nous restons où nous sommes nous ne pouvons pas progresser. Le fardeau de nos souvenirs est trop pesant et nous empêche d'évoluer. De plus, l'état que nous voulons réaliser est voilé par l'état présent. C'est seulement par l'oubli de nos tendances acquises, de nos *samskâras* (imprégnations du passé) que nous commençons à marcher dans la voie de l'évolution. « Intelligent thinking is skillfull forgetting » : « penser intelligemment c'est savoir oublier avec adresse », dit un vieux proverbe anglais. Saint Jean de la Croix exprime la même idée d'une façon très psychologique dans la *Montée du Carmel* :

> « Une forme ne peut pas s'introduire dans un sujet si elle n'en a pas tout d'abord chassé la forme contraire, car celle-ci, tant qu'elle dure, lui est un obstacle... il y a incompatibilité entre les deux. »

Il y a en effet incompatibilité entre notre nature animale et notre nature divine. Il nous faut chasser les formes inférieures de la première ; c'est alors seulement que nous pourrons avancer sur un plan supérieur.

Tant qu'une chenille pense qu'elle est une chenille, elle ne pourra jamais devenir papillon. Aussi longtemps que nous resterons hypnotisés par notre état de péché et enveloppés de nos souvenirs, il n'y aura pas d'évolution.

Pour oublier notre état de péché (*pâpa*) encore faut-il que nous ayons une certitude. Nous devons être sûrs de la possibilité d'atteindre cet état suprême où ne demeure qu'*Ananda* (la Félicité) :

> « Tant que l'âme est assujettie à l'esprit sensible, dit encore saint Jean de la Croix, elle est incapable de recevoir l'esprit purement spirituel. »

La Foi est ce qui épanouit l'âme primitivement bloquée sur elle-même et qui la mène peu à peu à s'ouvrir à Dieu et à vivre à la ressemblance des saints. Cet état supérieur existe, en effet. Dieu s'est incarné pour venir le vivre sur terre. Pour avoir le désir de le réaliser nous-mêmes et pour oublier notre nature primitive, nous devons tourner notre visage vers ces Êtres qui tout près de nous possèdent le pouvoir magique de nous transformer. *Chaitanya* a pu convertir des bandits par sa seule présence et Jésus a transformé des pécheurs en saints.

Gardons devant nous-mêmes la possibilité de notre ascension en ne cessant d'affirmer la présence de ces grands Êtres.

Ce sera là le germe de notre ascèse, le commencement de notre *sâdhanâ.*

Restant à nous regarder nous-mêmes, dans l'indécision et l'inquiétude spirituelles où nous met notre état de péché, nous ne pourrons jamais concevoir l'Être suprême car « tout l'être des créatures comparé à l'Être Infini de Dieu n'est que vanité », comme dit saint Jean de la Croix, dans sa *Montée du Carmel.* « Ce qui n'est pas, n'a pas de rapport avec Ce qui est. »

Nous devons couper avec le passé et avec nos habitudes de penser particulières. C'est le commencement du renoncement à soi. Si nous ne détachons pas nos tendances de tous les biens naturels qui peuvent nous appartenir, il n'y aura jamais de place en nous pour l'installation de la pure nature divine. Car entre les richesses particulières qu'un homme peut posséder et la nature de Dieu, il existe une distance infinie :

> « Celui qui ne renonce pas à tout ce qu'il possède ne peut pas être mon disciple », a dit le Christ.

La Foi est ce qui suscite l'ascèse : c'est elle qui fait mourir en nous le vieil homme et féconde notre vie :

> « Si le grain de blé ne meurt, il reste seul. Mais s'il meurt il porte beaucoup de fruits. »

C'est cette mort volontaire que saint Jean de la Croix appelle « nuit ». Nous avons vu qu'elle était l'œuvre de la Foi. En ce sens la Foi par sa vertu transformatrice est déjà une grâce. Dans la *Gîtâ* il est dit que :

> « *Certains considèrent le Soi comme une merveille.*
> « *D'autres parlent de lui comme merveilleux.*
> « *D'autres encore entendent parler de lui comme d'une* [*merveille*
> « *Et d'autres, bien qu'en entendant parler ne comprennent* [*absolument rien.* »
>
> (*Gîtâ*, II, 29)

Nous trouvons dans le *Padyâvalî* (Bouquet de vers vaishnavite) que la Foi est une récompense unique que des millions d'existences ne peuvent obtenir. Cette Foi entraîne chez nous le même détachement de l'âme et nous avons des images analogues à celles de saint Jean de la Croix lorsqu'il parle de la « nuit » :

> « Celui qui, comme la tortue, rentre ses membres dans sa carapace, retire complètement ses sens de leur objet, celui-là, sa vision est établie. »

Il demeure dans le Soi, dit la *Gîtâ* (II, 58). L'âme détachée de toutes ses tendances naturelles, se présente à Dieu démunie de toutes les acquisitions qu'elle avait faites. Elle doit se tenir toute nue devant Lui. C'est la même image de la nudité que l'on trouve encore dans les mythes indiens. Dans le *Bhâgavata Purâna*, le jeune Seigneur *Krishna* a volé le vêtement des bergères, pendant que celles-ci faisaient leurs ablutions. Dans l'acte de soumission complète qu'elles font en venant se présenter nues devant Lui, elles attirent sur elles les bénédictions de Dieu.

Selon la pensée indienne, plus particulièrement la tendance *bhakti*, il n'existe qu'un être masculin, c'est le *Purusha*, le Seigneur Suprême, et tout ce qui est dans la manifestation appartient à ce tourbillon de matière appelée la *prakriti*. Tant que nous restons l'âme voilée par les souillures de la matière, nous ne pouvons concevoir quel est l'éclat du Bien-Aimé. Il nous faut retirer les vêtements (*upâdhis*) dont la vie des sens « puis celle de l'esprit l'ont naturellement enveloppée. »

La formule de l'ascèse, comme celle de la *sâdhanâ* dans ses dernières étapes, est bien celle que donnait sainte Thérèse dans son Carmel d'Avila :

> « *Solo Dios Basta* ». « Dieu seul et c'est assez. »

Mais comment arriver à cette évolution spirituelle ? Comment passer par ce dépouillement total ?

Dans la pensée de saint Jean de la Croix, comme dans la spiritualité indienne, l'Amour tient une très grande place : « Tout devient insipide où l'Amour n'existe pas », disait Frère Laurent de la Résurrection. Grâce à l'Amour, au contraire, la plus petite chose prend une signification lumineuse.

Au cours de l'ascèse, c'est l'Amour qui nous fait franchir le terrible obstacle de la sécheresse. Nous devons donc le trouver à tout prix. Pour cela, partant de la considération de l'état de faiblesse où nous sommes, nous devons élever notre regard et le fixer sur la vie des grands Saints qui furent comme nous assujettis aux mêmes lois de la matière et emprisonnés dans un corps de chair. Pour les chrétiens, le Christ représente l'image parfaite. Il est le Fils Unique à qui tous les hommes doivent s'efforcer de ressembler. Nous avons *Bouddha*, plus près de nous *Râmakrishna* dont nous pouvons admirer la hardiesse. Dès qu'ils ont retrouvé l'Être Suprême ils sont sortis de leur corps de chair. Par là, ils nous ont montré comment on faisait une *sâdhanâ* :

« Voyez la hardiesse d'un *Bouddha* », nous disait souvent *Brahmânanda*, « pour réaliser Dieu, il abandonna tout le bien-être de sa demeure royale et se livra aux plus dures austérités. Mais voyant qu'il ne pouvait y arriver, il s'assit au bord d'une rivière et jura ainsi : Puisse ce corps m'abandonner, mais je ne me lèverai plus tant que je n'aurai pas obtenu l'illumination ! « Et celle-ci vint ». En vivant dans la compagnie des saints nous devons imiter leur nature. Eux seuls pourront nous apprendre la vraie nature de l'amour car ils ont Dieu en eux, qui est l'amour même.

> « Le feu est latent dans toute chose, disait *Çrî Râmakrishna*, mais il se manifeste à un plus haut degré dans le bois. Dieu aussi est présent dans toute chose mais Il se manifeste avec beaucoup plus de force dans les Saints. »

Dieu se révèle à nous par l'intermédiaire de ses Saints. C'est en eux que nous prenons un contact personnel avec Sa grâce. Sans cette rencontre sur le plan humain nous ne pourrions pas comprendre la plénitude et la saveur de Son amour. Il est dit dans le *Narada Bhakti Sutras* que si l'inclination et le goût pour une vie supérieure peuvent être chez un homme l'apanage provenant des exercices spirituels accomplis au cours d'une vie passée, un stimulant venant de l'extérieur est néanmoins presque toujours nécessaire pour que ses tendances endormies puissent se réveiller. Pour beaucoup, cet éveil spirituel ne se produit que sous l'effet de la rencontre d'une âme parfaite, d'un *guru*. Le *guru* est l'inspirateur : c'est lui qui nous apporte cette stimulation spirituelle dont même les Incarnations et les Prophètes ont eu besoin pour se réveiller. Le *guru* est la Grande Ame à laquelle nous devons notre renaissance spirituelle ; son seul exemple suffit à nous faire comprendre qu'il faut que « nous renaissions de nouveau ».

« La société des saints conduit à *bhakti* à travers la Foi » dit le *Bhaktirasâyana*. Même l'homme enclin au doute arrive en vivant dans la compagnie d'une Incarnation vivante des Écritures, à croire en la possibilité de la réalisation.

En fait l'Amour est inné en nous : nous ne l'acquérons pas. La compagnie des saints seulement nous le révèle, car n'ayant que le Seigneur dans leur cœur, ils sont « la Forme Suprême indescriptible de l'Amour » (*anirvachaniya prêma swarûpa*). Par eux, le Seigneur Se découvre. C'est alors que vraiment commence notre *sâdhanâ*.

Beaucoup disent : « Mais je ne sens pas l'amour ; je ne sens que les contradictions devant moi. » C'est qu'ils ne veulent pas voir : c'est l'existence de l'*Atman* qui les soutient. Ils vivent de l'Absolu Lui-même, qui est l'être duquel ils sont faits et qui soutient toutes les contradictions sur lesquelles cet univers repose.

C'est en Lui qu'ils vivent et se meuvent et ont l'être. L'amour en est le corollaire sur le plan affectif. Il exprime cette identité foncière de tous les êtres, qui sont autant d'expression du même « Lui ». Voilà pourquoi, sans l'amour, toute ascèse ou *sâdhanâ* est stérile. L'amour est le seul facteur qui nous permette de faire les progrès dans cette voie.

« *Désormais je ne garderai plus les brebis.*
« *Ma seule occupation est d'aimer.* »
(Cantique Spirituel)

L'amour crée la ressemblance entre l'amant et celui qu'il aime. C'est lui qui nous transformera à l'image du Bien-Aimé. Tel est le grand principe de l'ascèse chrétienne, tel est aussi celui sur lequel repose notre spiritualité :

« Les sens turbulents, ô fils de *Kunti*, emportent l'esprit, même celui d'un homme sage... » (V. 60).

« C'est en pensant aux objets, que l'attachement se forme dans le cœur d'un homme. De l'attachement naît le désir et du désir, la colère. » (V. 62).

« De la colère vient l'illusion.
« Et de l'illusion, la perte de la mémoire. Cette perte de la mémoire entraîne la ruine de la discrimination ;
« De là vient la mort de l'homme. » (V. 63).

Ainsi parle le Bienheureux Seigneur de la *Gîtâ*, et Il ajoute :

« Lorsqu'un homme rejette loin de lui, ô *Partha*, tous les désirs de son esprit, et qu'il *trouve satisfaction uniquement dans le Soi*, par le Soi, cet homme a l'intelligence établie. » (ch. II, vers. 55).

De l'état auquel le Sage arrive alors la *Bhagavad Gîtâ* parle en ces termes :

« Ce qui est *nuit* pour tous les êtres, Cela c'est l'éveil pour l'homme qui s'est contrôlé. Ce en quoi les hommes veillent, c'est la nuit pour le Sage qui a réalisé. » (*Gîtâ*, ch. II, vers. 69).

Ces paroles du Bienheureux Seigneur semblent reprises par saint Jean de la Croix lorsqu'il écrit dans son poème :

C'est au sein d'une nuit obscure
Que, brûlante d'un amour angoissé
Oh ! quelle heureuse fortune !
Je sortis sans être vue,
Quand tout chez moi, déjà reposait.
Au sein de la nuit bénie,
En secret...
Sans autre lueur ni guide
Hors celle qui brûlait en mon cœur,
O nuit ! Toi qui m'as guidée,
O nuit ! Plus aimable que l'aurore,
O nuit ! qui as uni
L'Aimé avec son Aimée
L'Aimée en son Aimé transformé.

Ces deux textes donnent, comme vous le voyez, une grande importance au détachement, à l'ascèse individuelle.

Ce que nous avons de meilleur à l'intérieur de nos cultures, *la route secrète qui conduit à la Divinité*, est décrite de la même façon. De part et d'autre, qu'il s'agisse d'une sensibilité chrétienne ou indienne, le premier pas à faire consiste à se détacher de tout ce qui représentait jusqu'ici la réalité véritable, ce monde des sens et de l'intellect qui était d'abord le but pour lequel on vivait. Enfantement pénible à la lumière ! L'âme abandonne un à un les vêtements, dont elle s'était parée pour s'en aller, seule et nue, dans une direction qu'elle n'a jamais explorée et où ne l'accompagne aucune des notions qui lui sont familières.

Quittant les rivages où il lui semblait trouver une lumière, elle s'en va vers l'inconnu, guidée par sa seule foi.

C'est que l'amour qui est en elle, bien qu'obscur lui-même, suffit cependant à son insu à éclairer. L'Amour du Bien-Aimé rivalise de force avec celui qu'elle donnait aux choses de la terre.

Cette nuit des sens, cette nuit de l'intelligence, et cette nuit de la spiritualité il vaut cependant la peine de les traverser car elles précèdent la lumière du Jour. Pour employer la langue de saint Jean de la Croix :

« C'est une nuit bénie. »
« plus aimable que l'aurore ».

Ce petit jour ténébreux dans lequel voyage l'ascète carmélitain c'est le prélude du lever de soleil éclatant du *Bhakta* indien. Débouchant en pleine lumière, nous bénissons la barque qui nous a fait franchir l'obscur et l'incertain.

Car « ce qui est nuit pour tous les êtres. Cela c'est l'éveil pour le Muni. »

Voyons maintenant comment l'ascète et la *sâdhanâ* se justifient par la Révélation.

L'homme, tel qu'il est, est incapable de découvrir par lui-même la lumière qui l'éclairera dans les ténèbres. Ses émotions comme son intelligence sont naturellement impures et voilées. La Révélation vient l'aider à découvrir la voie, en lui montrant le chemin de la purification.

La manière dont nous considérons la Révélation est cependant différente de part et d'autre de nos deux civilisations. Chez nous la Révélation est intemporelle ; ce n'est pas un événement qui a pris naissance dans le temps. Elle est le son primordial, le *sabda brahman* entendu par les Sages et qui vibre éternellement.

Nous la considérons comme la Connaissance suprême, le *Veda*, celle que l'intelligence humaine ne pourra ni dépasser ni même égaler. N'étant pas irrationnelle mais « transrationnelle » c'est elle qui éclaire cette dernière et qui lui apporte la plénitude qui lui manquait.

Chez les chrétiens, au contraire, la Révélation est temporelle : c'est un dialogue entre l'homme et la divinité. Les interventions divines correspondent à des besoins de l'homme concernant son installation terrestre et sa destinée. Dieu apparaît avant tout comme le chef d'un peuple auquel Il communique quelque chose de son autorité. Sa présence parmi son peuple se révèle à Lui par la Loi.

Cette Loi, cependant, n'est pas complète ; c'est une promesse qui devra attendre, pour se réaliser, l'apparition du Fils.

Le Fils est la Parole complète.
Je laisse parler ici saint Jean de la Croix :

> « Autrefois il fallait demander à Dieu les choses de la Foi et elles étaient révélées selon les demandes des hommes. Avec le Christ, qui est la parole complète, Dieu nous a tout donné. *Il n'a plus rien à nous donner.* » (Livre II, ch. 20 Editions du Seuil, *Montée du Carmel.*)

Et, plus loin :

« Ce que Dieu a révélé à nos Pères en divers temps et en diverses manières par l'intermédiaire des prophètes, Il l'a dit en ces derniers jours et *tout à la fois* par son Fils. »

Il ne reste donc qu'à regarder Celui-ci, le paradigme de la Sagesse éternelle. « En lui, affirme aussi saint Paul, vous trouverez les trésors de la Sagesse et les merveilles divines. »

> « C'est donc dans le Fils que réside désormais toute la Sagesse. Il est, selon les paroles mêmes de Dieu, telles que les entend saint Jean de la Croix, *toute ma Parole, toute ma Révélation.* »

Dieu n'a plus rien à nous révéler. Lui demander encore quelque chose ce serait faire injure à Dieu :

> « Si quelqu'un vient m'interroger comme on le faisait alors et me demande quelque vision ou quelque révélation, c'est en quelque sorte me demander le Christ ou me demander plus de foi que je n'en ai donné : de la sorte il offenserait profondément mon Fils Bien-Aimé parce que non seulement il montrerait par là qu'il n'a pas foi en Lui, mais encore il l'obligerait une autre fois à s'incarner, à recommencer sa vie et à mourir. »

C'est ainsi que saint Jean de la Croix fait parler Dieu.
C'est ainsi que, pour un chrétien, le Christ représente la

Sagesse Suprême. Saint Jean de la Croix commentant une parole de saint Paul (*Épître aux Colossiens*, II, 9).

> « Je n'ai pas donné à entendre que je savais autre chose que Jésus-Christ et Jésus-Christ crucifié », ajoute : « Si vous voulez encore d'autres visions où révélations divines, regardez toujours dans son humanité. Vous y trouverez beaucoup plus que vous ne pensez. » Car, comme le dit encore saint Paul : « En Lui habite corporellement la plénitude de la Divinité. »

Telle est la juste doctrine : c'est d'après le Christ fait homme, d'après son église et ses ministres que nous devons nous guider. C'est là que nous trouverons des remèdes à notre faiblesse spirituelle et des secours abondants pour tous nos besoins. On ne doit rien croire de ce qui vient d'ailleurs :

> « Si quelque ange du Ciel venait vous évangéliser autrement que nous, hommes, nous vous avons évangélisés, qu'il soit maudit et excommunié ». Ainsi parle saint Paul, et saint Jean de la Croix ajoute : « Nous devons toujours nous en tenir à ce que le Christ nous a enseigné, le reste n'est rien ; et nous ne devons pas le croire s'il n'est pas conforme à son enseignement. »

Telle est l'essence de la pensée chrétienne. Nous devons faire pour la comprendre abstraction de nos préjugés. Je mets en garde les admirateurs de la pensée indienne contre la tentation de regarder cette manière de voir comme étroite et intransigeante. Se laisser aller à juger de cette façon le point de vue chrétien, ce serait soi-même manquer de tolérance car cela prouverait notre incapacité d'adopter momentanément une autre manière de voir que celle que nous admirons. Au nom de la pensée indienne, dont un des axes principaux est justement la tolérance, je vous demande d'entrer dans l'angle de vision et d'adopter la perspective qui est celle de saint Jean de la Croix. Vous comprendrez alors *qu'étant donné les prémisses*, telles que l'Ancien Testament les avait posées, la manière chrétienne de penser est la seule qui puisse être rigoureuse, la seule qui puisse être vraie. Ce qui apparaît à un étranger comme de l'intransigeance est, du point de vue chrétien une nécessité pour vivre spirituellement. *Il ne peut pas y avoir pour un chrétien catholique une autre manière de voir.* Leur demander d'adopter des points de vue différents ou d'admettre une perspective plus large, c'est, au nom de la tolérance, se montrer très intolérants. Car des idées nouvelles brisent la ligne propre de leur développement ; elles sèment le trouble et rompent l'harmonie de cet édifice que la tradition a patiemment élaboré, choisissant chacune des pierres de la révélation et couronnant le tout par la flèche de la Foi en Notre-Seigneur Jésus-Christ.

Ceux qui essaieraient, sous le masque d'un syncrétisme stérile, d'introduire des idées philosophiques étrangères aux bases acceptées de la théologie telles que saint Jean de la Croix l'a interprétée pourraient être à bon droit considérés comme des « influences démoniaques » (voir ch. 20, *Montée du Carmel*, livre II) venues pour semer la perturbation dans les âmes qui possèdent le don précieux de la Foi.

L'homme qui veut être loyal ne peut pas posséder un dogme et offrir son allégeance à un dogme étranger.

Le risque qu'il courrait alors est celui d'un mélange de tradition ; générateur de confusions, ce mélange est néfaste pour la sensibilité dont il empêche la culture profonde [2].

En entreprenant cette série de conférences, mon intention n'est pas d'insister sur les dogmes et les doctrines mais sur les transformations qui viennent enrichir l'homme intérieur. Vues sous cet angle, les doctrines indiennes, chrétiennes ou musulmanes manifestent le même pouvoir de transformation. Nous les considérons comme les démarches autonomes de l'expression du génie de chaque peuple, dans sa recherche de Dieu.

2. Ce mélange des traditions est un des signes de dégradation qui marquent notre Kali-Yuga.

Nous ne demandons pas aux chrétiens d'accepter notre position ; nous les invitons simplement, lorsqu'ils étudient un autre dogme, à adopter les œillères qui sont propres à cette nouvelle tradition. C'est en prenant cette position que la prétendue intransigeance de la position chrétienne deviendra alors à nos yeux la caractéristique même de cette position.

En donnant cette série de conférences, je n'ai pas l'intention de minimiser l'envergure de la pensée chrétienne en la comparant avec celle de notre pensée. En saint Jean de la Croix, nous nous trouvons devant un mystique de premier ordre, destiné à être considéré par toutes les religions du monde comme le vrai saint, celui qui appartient à toutes les traditions. On raconte du poète et saint *Kabir* qu'après sa mort les divinités indiennes et les anges musulmans se rencontrèrent pour se disputer son corps. En lisant saint Jean de la Croix, je viens, bien que moine hindou, apporter la vénération que nous offrons à nos plus grands ascètes.

Cette étude sommaire nous permet de voir que la vie spirituelle se présente différemment de part et d'autre, car elle n'a ni les mêmes perspectives ni les mêmes fondements.

Chez nous une révélation extra-temporelle, sans aucun rapport avec l'histoire humaine (*apaurusheya*). C'est la Connaissance intégrale, le *Brahman-Son* (*Sabda-Brahman*) qui ne cesse de résonner, désignant à la sagacité humaine plusieurs moyens également valables pour arriver à « Cela qui étant connu fait connaître tout le reste. » De l'autre côté, au contraire, une révélation strictement temporelle intéressant une certaine histoire de l'humanité et culminant dans une personne qui apporte avec elle toute la sagesse et dont le mérite s'étend à la fois sur tout l'avenir et tout le passé.

Cette différence dans les cadres de la vie spirituelle se traduit dans l'ascèse et la *sâdhanâ*.

Pour le chrétien, le Christ devient le modèle, la voie, la vie. « Il faut avoir le désir habituel d'imiter le Christ en tout », dit saint Jean de la Croix. Pour cela, il faut contempler sa vie de manière à agir en tout comme Il l'aurait fait. C'est là le grand principe de l'ascèse :

> « S'il offre aux sens quelque plaisir qui ne soit pas purement pour l'honneur et la gloire de Dieu, il faut se mortifier et renoncer par amour pour Jésus-Christ qui n'a jamais eu, durant sa vie sur la terre, d'autre goût que de faire la volonté de son Père, c'est ce qu'il appelait sa nourriture et son aliment. »

C'est ainsi que s'exprime saint Jean de la Croix, décrivant aux Ames le chemin à faire pour entrer dans la nuit. De là, la tendance à considérer la vie spirituelle comme identique à la mortification. La voie que prêche le Christ dans le Sermon sur la Montagne est bien, en effet, une voie d'ascèse :

> « Si quelqu'un veut venir après moi qu'il renonce à lui-même et qu'il se charge de sa croix ; car celui qui voudra sauver sa vie la perdra, mais celui qui la perdra à cause de Moi la retrouvera. »

Telle est la voie monastique, celles des *Béatitudes*, réservée à de rares élus.

Aux Indes cet enseignement n'est pas donné devant la multitude. La renonciation est enseignée dans l'oreille du disciple qualifié. C'est un rahasya (secret), un enseignement ésotérique. Rares sont les aspirants. L'idéal de l'*ahimsa* tel qu'il est décrit dans nos Écritures : « Sans haine pour aucun être, amical et compatissant, etc. » (*Gîtâ*), est l'Idéal du Sage. Ce ne peut pas être celui de tout le monde car l'*ahimsa* ne comporte pas seulement l'abstention d'agressivité extérieure, mais de toute pensée mauvaise, porteuse de violence. Ce haut idéal est celui des hommes qui ont déjà franchi les étapes de *tamas* et de *rajas*. Il appartient à ceux dont l'esprit est sâttvique, pur et libéré. Vouloir à tout prix suivre la voie de la mortification intégrale, celle que nous appelons *nivritti mârga*, c'est provoquer en soi une grande détresse. Beaucoup de personnes se demandent comment on peut pratiquer dans notre siècle le message du Christ. C'est seulement par le renoncement complet.

Que deviennent alors les autres hommes, ceux qui ne

sont pas encore prêts à renoncer ? La *sâdhanâ* leur offre une voie positive, celle de *pravritti mârga.* C'est la voie de l'action. Avant de renoncer à son moi il faut d'abord le développer.

Nous sommes actuellement dans un état de formation. Plusieurs îlots de samskaras (tendances et imprégnations du passé), centres tourbillonnaires et disparates, se disputent la direction de notre personnalité et nous voguons alors, sans unité d'action, comme une balle de caoutchouc portée par les ondes. En développant notre personnalité dans une ligne donnée, par la pratique du dharma propre (swadharma), notre volonté agissante et qui commence à s'éclairer construit notre personnalité sur le plan du rajas (activité). L'action droite transforme notre dispersion primitive en une unité vivante et ordonnée.

Quand ce rajas lui-même est purifié par la pratique des vertus, l'âme, comme un fruit mûr et sans souillure, est prête à tomber aux pieds du Divin, telle la boule d'acier qui se noie au fond de l'océan. Avant de songer à l'abnégation totale, il faut donc faire acquérir à notre caractère une certaine densité. Nous y arriverons par l'observance de la science du dharma (*Dharmashâstra*).

Nous citerons ici deux versets de la *Gîtâ*, qui éclaireront notre pensée :

> « Mais bien plus chers me sont ces dévôts qui font de Moi leur but unique suprême et qui suivent jusqu'au bout, avec une foi et une exactitude parfaites, le dharma décrit en cet enseignement et qui mène à l'Immortalité. » (XII, 20.)
>
> « Que le *shâstra* soit donc l'autorité déterminant pour toi ce qui doit être fait et ce qui ne doit pas être fait. Sachant ce qu'ont déclaré les règles du *shâstra*, tu dois travailler en ce monde. » (XVI, 24.)

Pour se fondre dans la vie universelle, l'homme doit être auparavant passé par tous les degrés.

La *sâdhanâ* commence dès l'enfance, dès que les parents

et plus tard l'instructeur spirituel initient l'enfant à l'ordre universel. La contemplation du cosmos à laquelle ses prières l'accoutument (prières à Varuna, Mitra, Vâyu, Brishaspati : le Ciel, le Soleil, l'Ether et toutes les grandes forces cosmiques) épanouissent son esprit dans le sens de l'universel. L'idée de l'harmonie du tout (*rita*) absorbe celle de son individualité particulière. Comme la goutte de rosée dans le soleil du matin, son égoïsme se fond dans la vie universelle. L'avantage des sociétés primitives est de ne pas interposer entre l'homme et l'univers tout un voile de notions artificielles, produits des civilisations mécanisées. L'homme y possède une mentalité ouverte et rythmée sur le rythme même des choses. L'enfant s'habitue à saluer les êtres à qui il doit la vie, les Dévas, les Pitris, les Rishis et il leur offre des sacrifices. Car « ceux qui jouissent des objets donnés par les Dévas, sans rien leur donner en retour, ceux-là sont des voleurs. » C'est ainsi qu'il apprend son *dharma*. Les grands événements qui surviennent plus tard comme le mariage, les naissances, etc., sont des occasions de reprendre contact avec cette harmonie divine. (Vous pouvez voir la cérémonie nuptiale décrite dans la *Brihadaranyakôpanishad.*) L'acte de procréation est considéré comme un sacrifice cosmique.

Telle est la première étape de la *sâdhanâ*, l'éveil de l'esprit au sens de la loi (*dharma*). L'être prend conscience de la position qu'il occupe dans le monde et il s'établit avec le Tout dans l'Harmonie.

Dans l'acte oblatif que la tradition lui impose, l'individu sent s'éveiller en lui les forces spirituelles qui ne cesseront désormais de provoquer son ascension. C'est le *dharma-sâdhanâ*. C'est la voie pour les gens du siècle, ceux qui vivent dans le *grihasta-âshramas* : le foyer familial. De là, l'acheminement vers le *Sanyâsa-âshrama*, la discipline monacale, se fait normalement. On arrive alors à la pratique de *moksha-sâdhanâ*, la renonciation catégorique.

Le *dharma* qui est le reflet sur notre petite terre des grandes forces cosmiques nous amène à nous poser le problème du rôle des richesses et de leur utilisation pour notre avancement spirituel. On ne nous demande pas encore de rejeter le désir.

Il nous faut auparavant trouver les moyens dhârmiques de le satisfaire.

L'homme doit ainsi apprendre à manier les richesses, à les acquérir et à les gérer pour le soutien des êtres, l'entretien des mânes et la satisfaction des dieux. Sans les richesses pas de sacrifice ; c'est avec elles que l'homme honore toutes les puissances des cieux. Cette discipline économique est appelée *artha-sâdhanâ.* Le *Kama-sâdhanâ* est un effort pour intégrer sur le plan social l'expression naturelle de la pulsion des désirs, expression indispensable pour empêcher le refoulement. Tous les désirs qui s'accordent avec la loi sociale, avec le dharma, sont approuvés et sanctifiés. Les autres, résidus en nous de la nature animale, appartiennent à ce qu'il peut y avoir de démoniaque, à l'*âsuri-sampath* : ils doivent être soigneusement écartés.

Dans l'Inde ancienne, il n'y a pas de place pour le profane. Tout est sacré. Chaque acte de la vie quotidienne adhère à une fonction cosmique qu'il imite, en raccourci. Cette solidarité du plan matériel avec le plan spirituel, du plan grossier avec le plan subtil s'affirme à chaque moment de la journée par des rites. La manière par laquelle les gens du siècle vivent conduit ainsi tout naturellement à une spiritualité. Les différentes *sâdhanâs* sont autant de voies qui permettent de sanctifier l'existence humaine et de diviniser la vie.

Proportionnée au degré d'évolution de chaque âme particulière, à travers les trois états de la prakriti (tamas, rajas et sattva) la *sâdhanâ* accompagne le développement de l'être jusqu'à sa libération complète (moksha) à laquelle il arrivera par le renoncement, par *Moksha-sâdhanâ.* Avant d'y arriver, elle commence par donner une place légitime aux satisfactions sensorielles et permet, tout en les réglant, la jouissance de tous les biens. C'est que dans les effets la pensée indienne voit toute la richesse de la Cause qui est la divinité. Le but de la révélation est de faire trouver, à l'homme ordinaire, Dieu lui-même à l'intérieur de ce monde sensible rempli de qualités. L'ascèse ne pourra venir que plus tard, une fois que les grandes vertus morales se seront installées et que, la discrimination s'étant éveillée, l'aspirant commencera de lui-même à renoncer aux plaisirs, d'ici-bas et des autres mondes, dans sa soif de plus en plus ardente de libération. L'ascèse naît lorsque l'aspirant découvre le caractère négatif du contenu de la réalité empirique.

Comme le dit saint Jean de la Croix :

> « la passion d'abord douce au palais devient aigre pour l'estomac. L'âme ne tarde pas à ressentir son amertume et ses tristes effets ». Nous avons la même idée dans la *Gîtâ* (XVII).

L'expérience apprend à l'homme qu'à courir après les choses limitées de ce monde il ne récolte qu'insatisfaction et vanité.

> « L'âme qui éparpille sa volonté en objets frivoles est comme une eau qui se répand et ne peut plus remonter », dit également saint Jean de la Croix.

C'est donc par la voie de l'ascèse ou de la pauvreté qu'il cherchera désormais la plénitude.

La *sâdhanâ* ne rejette donc rien de ce monde. Elle ne considère pas qu'il existe entre lui et Dieu un abîme impossible à combler. Elle s'efforce de le voir avec des yeux qui transcendent les limites et le spiritualise :

> « Au commencement de la création, ô Parfait, j'ai ordonné au monde deux voies de dévotion, la voie de la Connaissance pour ceux qui méditent, et, pour les actifs, la voie de l'action. » (*Gîtâ*, III, 3.)

Il faut simplement savoir ce que l'on est pour choisir entre les deux. De toute façon, il y aura une ascension vers l'ascèse qui est la renonciation de soi. La vie n'est pas figée, elle ne cesse de se développer selon des lois qui lui sont propres et il nous faut accomplir tous les stades prévus de purification avant de remonter vers le Suprême. Rien ne servirait de vouloir hâter cette montée. Mieux vaut son propre *dharma* que le *dharma* d'un autre, fût-il bien employé. La Foi de chacun dépend de ses dispositions particulières.

> « Les hommes sattviques vénèrent les Dévas, les rajasiques vénèrent les *yakshas*, et les autres, ceux de nature tamasique, vénèrent les *pretas* et les légions de *bhutas* », dit la *Gîtâ*.

Ainsi s'échelonnent les aspirants à la spiritualité. Les deux fois nés qui représentent les derniers degrés de l'évolution, « honorent la pureté, la droiture et l'absence d'agressivité ». Ce sont des hommes honnêtes dans leurs desseins, pleins de sérénité d'esprit et qui ont le « privilège de la bonté et du silence ».

Avant d'être une morale de la délivrance, une ascèse, la *sâdhanâ* est une morale temporelle qui conduit l'âme par la voie des transmigrations à travers des états d'existence de plus en plus élevés. Au cours de cette marche vers la libération l'âme devient de plus en plus lumineuse parce qu'elle devient de plus en plus pure. A l'état final, dans une pureté parfaite, elle devient l'amie de toute la création.

> « Le cœur concentré par le *yoga*, un regard d'égalité pour toutes choses, il contemple le Soi à l'intérieur de tous les êtres et tous les êtres dans le Soi. » (*Gîtâ*, VI, 29.)

Telle est la description donnée par le Bienheureux Krishna de l'homme qui a accompli tous les stages de purification parfaite et qui, pour être passé par l'ascèse, est devenu le *Siddha*, le parfait.

C'est l'escalier secret de saint Jean de la Croix où l'âme échappée dans la nuit de la prison corporelle part à la rencontre du Bien-Aimé.

3

Etude du Yoga chez saint Jean de la Croix

3

Etude du yoga chez saint Jean de la Croix

I) CONSIDÉRATIONS PRÉLIMINAIRES SUR LES ÉTUDES SPIRITUELLES

Comme avant-propos à ce troisième exposé sur la mystique comparée, je commencerai par quelques conseils de prudence.

> « Mon intention principale, écrivait saint Jean de la Croix, n'est pas de m'adresser à tous en général, mais bien à *quelques* personnes, aux religieux et religieuses de la Réforme de Notre-Dame du Mont Carmel. »

Les laïques, en effet, sont de plus en plus enclins à lire des ouvrages écrits pour des moines, et la tentation est grande pour eux, sous prétexte de suivre une route pleine de prestige, de perdre leur stabilité et de s'écarter de la loi de leur propre dharma. C'est ce qui arrive lorsque des chefs de famille, des *grihastas*, lisent, aux Indes, des livres comme « Discipline Monastique », cet ouvrage publié par le monastère de Belur qui relate les entretiens de Swâmi Brahmânanda. Le Swâmi ne s'adressait pas à tous les moines, car la plupart d'entre nous s'adonnent à une vie active orientée vers l'idéal de *Vivekânanda* : le service des hommes et le secours apporté aux nécessiteux quels qu'ils soient. Lorsque *Swâmi Brahmânanda* conseille de consacrer à la méditation la journée entière, de ne dormir que trois ou quatre heures, et de ne pas remplir plus des deux tiers de l'estomac, il s'adresse alors à des moines vivant loin des centres d'action, dans les cellules des Monastères de Bénarès ou des Himâlayas ; ce sont de tels moines qui pratiquent les tapas, les disciplines de mortification.

L'homme du monde qui aborde sans précaution les disciplines monastiques et qui, excité par la nouveauté et par le prestige de cette vie extraordinaire, essaie aussitôt de vivre au même diapason, risque de se déséquilibrer. Son esprit, partagé entre des notions contraires, le fait osciller entre des attitudes tellement opposées qu'il pourrait fort bien, en adoptant une telle conduite, perdre à jamais son centre de gravité. Cette confusion des valeurs est un des signes qui caractérisent la dégradation de notre époque, ce *Kali-Yuga* qui, d'après la mythologie indienne, serait le *Yuga* de la fin des temps. Rares sont, en effet, ceux qui lisent encore les *shastras*, ces traités de sagesse antique où sont consignés les différents *âshramas*, les stades progressifs d'existence par lesquels l'aspirant doit passer avant d'atteindre son plein épanouissement dans le renoncement intégral du sannyasa.

L'exercice de la nuit n'est pas un exercice qui puisse être accompli par un chef de famille. Il convient seulement à ceux qui ont accepté de vivre dans l'intimité de la mort.

Les disciplines conseillées par les moines sont des disciplines qui, suivies sans compromission, permettent selon les paroles de sainte Thérèse d'Avila, de « prendre d'assaut la citadelle de Dieu ». Lorsqu'il y a un an et demi, je rendis visite aux moines du couvent de la Grande Chartreuse, l'on me remit quelques images représentant une peinture sur laquelle on médite là-bas. C'est le visage d'un squelette habillé d'un habit de moine. En le voyant vous seriez frappé de terreur.

Malgré les avertissements donnés et les précautions prises, nous sommes responsables aux Indes du désarroi créé par nos publications. Lorsque l'angoisse spirituelle, toujours latente chez un être, rencontre l'apaisement de la parole de Dieu, elle saisit l'occasion qui lui est ainsi offerte, et l'être cherche alors désespérément à mettre en pratique dans tous leurs détails des enseignements qui ne lui sont pas destinés. Ceci est extrêmement dangereux.

> « Si, pour arriver plus vite sur le toit d'une maison, vous vous y faites projeter au lieu de monter doucement l'escalier, nous disait *Swâmi Brahmânanda*, vous risquez de vous rompre le cou ».

C'est ce que font les laïques qui, sans préparation, essaient de mettre en pratique les enseignements de Saint Jean de la Croix. Vouloir, quand on est dans le monde, connaître la « Nuit obscure » et atteindre le « moksha », c'est obéir à un esprit de concurrence et d'ambition qui n'entraîne derrière lui que confusion et souffrance. La vie hiérarchisée que nous concevons dans l'Inde lorsqu'il s'agit de la *Sâdhanâ* ne permet pas cette confusion de plan. La discipline valable pour un « *sannyâsin* » n'est pas celle qui convient au *grihastha*, et celui qui, nonobstant les interdictions de la sagesse sociale, essaierait de s'y conformer, le ferait avec la pleine conscience de déroger aux lois de son *dharma*. Un véritable guru l'inviterait d'ailleurs à réintégrer sa voie.

Rares sont les candidats menant une vie familiale à qui convient la vie ascétique. Dans les temps anciens, cette catégorie de *grihasthas* formait la classe des *vanaprasta*. Cet âshrama a disparu. Râmakrishna conseille simplement aux aspirants mondains de vivre comme frères et sœurs dans le mariage après avoir donné naissance à deux ou trois enfants. Lorsque la discipline s'introduit ainsi dans la vie du sexe, les autres règles concernant la méditation et la nourriture suivent automatiquement. La pensée indienne, d'ailleurs, d'accord en cela avec la doctrine chrétienne, considère la rencontre de Dieu comme possible, dans n'importe quel *âshrama*. La divine connaissance n'est heureusement soumise à aucune des lois de la causalité. Elle ne dépend que de la grâce qui ne connaît aucune loi.

Cependant, le dépouillement, si nécessaire à l'infusion de la Présence Divine, ne peut se faire que graduellement. C'est après avoir passé par les premières étapes, la vie familiale, celle de la profession, etc., que l'individu se dégage des affections inférieures et tend vers une mortification de plus en plus complète, qu'il atteint finalement au sommet de la vie dans le *sannyâsa âshrama*. Le Christ enseignait à tous des vertus qui ne peuvent être pratiquées que par les moines.

> « Ne vous amassez pas des trésors sur la terre où la rouille et les vers rongent... mais amassez-vous des trésors dans le ciel. »
>
> « Vous avez appris qu'il a été dit : Œil pour œil, dent pour dent. Et moi je vous dis de ne pas résister au méchant, mais si quelqu'un te frappe sur la joue droite, présente-lui encore l'autre. Et à celui qui veut t'appeler en justice pour avoir la tunique, abandonne encore ton manteau. »
>
> « ... Ne vous inquiétez pas pour votre vie, de ce que vous mangerez ou boirez ; ni pour votre corps, de quoi vous le vêtirez... Regardez les oiseaux du ciel, ils ne sèment ni ne moissonnent, ils n'amassent rien dans des greniers et votre Père Céleste les nourrit. Ne valez-vous pas beaucoup plus qu'eux ? Qui de vous, à force de soucis, pourrait ajouter une coudée à la durée de sa vie ? Et pourquoi vous inquiéterez-vous pour les vêtements ? Considérez les lis des champs, comment ils croissent : ils ne travaillent ni ne filent. Et cependant, je vous dis que Salomon même dans toute sa gloire n'a pas été vêtu comme l'un d'eux... Ne vous mettez donc point en peine disant : Que mangerons-nous, que boirons-nous ou de quoi nous vêtirons-nous ?... Cherchez premièrement le Royaume de Dieu et sa Justice et tout cela vous sera donné par surcroît. »

Ce renoncement absolu est la caractéristique du *paramahamsa*, c'est-à-dire du *sannyâsin* de la plus haute classe. Çrî Râmakrishna disait que l'âme parvenue à ce degré d'évolution, s'abandonnait complètement à la volonté divine et ressemblait à une feuille poussée par le vent. Il comparait encore cette attitude éminemment monastique à celle d'un homme qui se lâcherait du haut d'un arbre et se laisserait tomber sans essayer de se raccrocher :

> « L'état d'abandon à Dieu est cet état de repos complet dans lequel se trouve le travailleur fatigué quand, après une journée de labeur, il s'appuie contre un coussin en fumant à loisir. C'est la fin des angoisses et des soucis. Tout ce qui doit être fait sera fait par Lui », disait-il encore.

Ainsi vivent les *mukta-Purusha*, les libérés, sans égoïsme ni volonté propre. Ils vont partout où Dieu les pousse, sans mémoire et sans projet. Il n'y a que très peu de moines qui peuvent réaliser cet état. La terre entière est leur demeure et le ciel est leur toit. Bien que Jésus se soit adressé à la foule, la discipline du renoncement et la pratique de l'insouciance ne peut devenir du jour au lendemain l'apanage de tous. Ces vertus sont incompatibles avec l'atmosphère de la vie familiale. C'est dans l'enseignement de saint Paul, comme chez nous dans celui de Manu, que nous trouvons une conciliation. Bien que l'enseignement du Christ soit un enseignement essentiellement monastique, sans compromission (« Nul ne peut servir deux Maîtres, car ou il haïra l'un et aimera l'autre, ou il s'attachera à l'un et méprisera l'autre. Vous ne pouvez servir Dieu et Mammon ») — cet enseignement qui est pour nous celui de *moksha-Sâdhanâ*, de la libération — la société a pourtant essayé de s'en intégrer quelque chose, et elle est devenue « chrétienne ». Mais il ne faut pas oublier que dans cette adaptation au monde l'Enseignement sur la Montagne a perdu quelque peu de son intransigeance et de son ascétique pureté.

La vérité, sur un esprit pur et dépouillé des affections du monde, se reflète dans son intégralité. Mais dans un esprit troublé et alourdi par les préoccupations d'ordre matériel, la vérité se reflète avec peine, et son reflet apparaît déformé. Il semble pour ainsi dire s'adapter aux obstacles qu'il rencontre à la surface du miroir. La Vérité est encore là, mais tronquée et partielle. Chaque région de la manifestation, le *tamas*, le *rajas*, le *satva* en prend ainsi ce qu'elle peut en prendre : ce qui correspond au degré d'évolution de l'âme à l'intérieur de la *Prakriti*.

Le désarroi qui apparaît quelquefois chez certains êtres à la suite de la lecture d'ouvrages comme ceux de saint Jean de la Croix provient de la méconnaissance de cette loi d'évolution et de l'existence des différents *âshramas*. A chacun de ces derniers s'applique une sâdhanâ précise, c'est-à-dire une discipline spirituelle que l'on doit observer avec respect si l'on veut continuer à se développer dans l'équilibre.

> « Mieux vaut pour chacun son propre dharma même imparfait que le dharma d'un autre, serait-il bien appliqué. Mieux vaut périr en poursuivant sa propre loi ; il est périlleux de suivre la loi d'un autre » (*Gîtâ*, III, 35).

Mais, pourquoi avoir choisi de parler de saint Jean de la Croix ? Ce saint est justement un prince parmi les moines, et nous sommes des gens du monde qui avons des obligations familiales et un *dharma* social à observer.

C'est qu'il existe dans l'enseignement du Saint, à côté de la discipline exclusivement destinée aux moines, quelque chose d'universellement valable, et qui est pour nous un bienfait. Ce que je souhaite, c'est une rencontre avec la personnalité encore toute vibrante derrière ces pages, un rendez-vous avec le saint. Il en est de même lorsque vous lisez les « Disciplines Monastiques ». *Swâmi Brahmânanda* est devant vous et vous êtes, sans que vous vous en doutiez, imprégnés par le rayonnement de sa personnalité. La spiritualité de ces hommes est une puissance encore actualisée à l'œuvre dans le monde. C'est elle qui nous envahit lorsque nous tournons ces pages qui, à notre insu, nous transforment et nous donnent une nouvelle paix. Nous respirons un moment dans l'atmosphère de ces hommes parvenus aux plus hautes cimes de l'humanité. Quatre siècles ont passé et la conviction du saint espagnol nous est encore sensible :

> *Mon Bien Aimé est comme les montagnes,*
> *Comme les vallées solitaires et boisées...*
>
> . . . .
>
> *Il est comme la nuit tranquille* :
> *Lorsque commence le lever de l'aurore,*

Comme la musique silencieuse, comme la solitude har-
[monieuse,
Comme le festin qui charme et remplit d'amour.

Romain Rolland, parlant de *Swâmi Vivekânanda*, remarque avec stupéfaction que,

> « malgré la distance qui déjà nous sépare, nous sentons lorsque nous ouvrons ses livres une telle présence animée, qu'il semble que son souffle brûlant tombe directement sur nous et nous éveille à l'activité. »

Lorsque je lis moi-même saint Jean de la Croix, je suis souvent entraîné dans le rayonnement de sa personne. Ce n'est pas tellement le contenu de sa pensée qui me retient que la bénédiction que je sens se dégager d'une aussi sainte compagnie.

J'ai eu le privilège de respirer dans l'atmosphère de quelques grandes âmes. Ce n'était pas tant alors le contenu de leur enseignement qui m'attirait. Ce n'était là qu'une trop infime émanation de leur caractère. Il y avait en eux quelque chose d'ennoblissant qui ne pouvait pas se communiquer par des mots. C'est cette présence même que l'on retrouve dans les ouvrages et qui se communique à la postérité.

Ce rayonnement n'est pas le monopole des moines : il existe autour des grands sages qui sont la gloire de cette humanité. C'est pour vous inviter à venir en bénéficier que j'ai entrepris cette série de conférences. La plus grande partie de l'enseignement du saint est pour les moines, mais sa personne est pour tous.

Dans l'époque actuelle, où toutes les valeurs spirituelles sont mises en cause, nous avons besoin de la présence d'un saint vivant parmi nous et interprétant pour nous le sens de notre destinée. En suivant ce que nous pouvons adopter de sa parole, nous inaugurons en nous une personnalité nouvelle : de l'état animal nous nous élevons à l'état raisonnable ; notre vie d'homme se rapproche de la vie angélique, et de temporel et humain que nous étions, nous devenons céleste et divin.

Saint Jean de la Croix en effet, reprenant les paroles de saint Paul caractérise le sensuel dont la volonté ne recherche que le sensible « comme un animal qui ne comprend rien aux choses de Dieu », tandis que celui qui porte ses affections vers Dieu, il l'appelle selon les paroles de saint Matthieu « un homme spirituel qui pénètre et juge tout jusqu'aux profondeurs de Dieu ».

Nous pouvons tous espérer nous transformer de cette manière. Avoir des pensées pures, être charitables, maîtriser nos colères, c'est à cela que nous aident les Saints. Cette transformation bienfaisante qui s'effectue au contact des grandes personnalités suffit à nous donner la foi. Auprès d'un saint Jean de la Croix, il n'est pas nécessaire de « croire » : « La foi nous est communiquée subtilement ». Pour un Râmakrishna, un Râmana Mahârshi, un Swâmi Ramdas, un enseignement n'est pas nécessaire. Il suffit de vivre près d'eux pour que leur spiritualité nous envahisse.

Ce fut après une lecture de sainte Thérèse de l'Enfant Jésus qu'un de mes amis appartenant maintenant à l'Ordre des Carmes Déchaussés quitta tout pour le service de Dieu. Le surnaturel l'a touché à l'improviste, la foi lui a été donnée. Le grand disciple laïque de Râmakrishna, l'auteur du Kathamrita, qui signa M, répondit un jour à quelqu'un qui lui demandait ce qu'il avait appris dans la compagnie du Maître :

> « Je n'ai rien appris, tout nous était directement communiqué. Un souffle tombait sur nous, et nous étions éveillés. De la même manière, nous pouvons être directement touchés par les œuvres provenant d'une âme libérée. »

N'ayez donc aucune angoisse si vous n'arrivez pas à pratiquer immédiatement l'enseignement donné par les Saints. Contentons-nous de prendre dans leur vie ce qui nous intéresse, c'est-à-dire, l'aspect de la foi. C'est elle qui nous donnera l'assurance de notre libération prochaine et de la résurrection de l'homme futur.

2) ASPECT DE JÑANA CHEZ SAINT JEAN DE LA CROIX

J'ai choisi comme titre de cette conférence l'étude du yoga dans saint Jean de la Croix. Le terme de yoga, bien qu'exotique peut être employé pour caractériser la pensée du Saint. Non pas parce que c'est un terme à la mode qui jouit en ce moment d'une grande popularité, mais parce qu'il indique cette union avec Dieu que saint Jean de la Croix était parvenu à vivre. Vous connaissez les quatre branches du Yoga : le Jñâna, qui est l'union par l'intelligence, la Bhakti, l'union par l'amour, le Karma, l'union par les actes, et le Râja, partie intégrante des trois autres qui consiste en une discipline physique et mentale.

Je veux vous présenter saint Jean de la Croix tel qu'un Hindou le voit. Essayons d'étudier la pensée du Saint dans une espèce de spectroscopie spirituelle et voyons les rayons qui sont absorbés par sa propre pensée. L'on considère ordinairement saint Jean de la Croix comme un Jñânin. En 1937, sur la couverture des *Etudes Carmélitaines*, le portrait de saint Jean de la Croix figurait à côté de celui de notre grand sage considéré comme un pur Jñânin, Râmana Mahârshi. Mais la pensée du Saint est-elle véritablement celle qui est rayonnée dans le pur Jñâna ? Il me paraît impossible de le dire.

Le Jñâna est la connaissance pure, celle de l'Un sans second. Elle n'implique pas une attitude religieuse car elle exclut à priori toute notion appartenant au monde des existences et de la valeur [1]. Un Jñânin se désintéresse de la question des vies pouvant succéder à celle-ci. Il essaie de voir les choses sous un autre angle, non pas celui du spectateur intéressé par une certaine zone d'existence, mais sous celui du spectateur. Le Jñânin remonte incessamment à l'*Être*, il ne demeure dans aucun des « étant » (pour employer la terminologie existen-

1. « Panditâh Samadarshanah...
« Les Connaisseurs du Soi regardent d'une vue égale un Brâhmane doué de science et d'humilité, une vache, un éléphant, un chien et un paria. »
(*Bh. G.*, V, 18.)

tialiste moderne). Tous les étants par lesquels passe le mystique, vision de Dieu, audition de Ses Paroles, béatification même, ne sont que des « étant », c'est-à-dire des projections par lesquelles l'Être se manifeste, mais qui ne sont pas Lui. Ils ne sont donc pour le Jñânin qui a réalisé l'Être que des spectacles, drishya, par l'apparence desquels il cesse d'être affecté puisqu'il participe à ce qui en est la vraie nature, cet Être unique dans lequel il s'est stabilisé. Le vrai Jñânin est un homme à l'intelligence établie (Sthita prajña). Râmakrishna raconte avec humour un incident de la vie de ce grand ascète védantique qu'était Tota Puri. Tota Puri méditait un jour lorsqu'un deva se présenta devant lui. Sans accuser le moindre trouble, Tota Puri poursuivit sa méditation.

Un peu froissé par cette attitude impassible, le nouveau venu demanda : « Ne savez-vous pas qui je suis ? », et Tota Puri de répondre : « Qui êtes-vous ? — Je suis un esprit divin, un deva. — Vous êtes donc une forme de Mâyâ, conclut calmement Tota Puri. L'Atman est égal en nous. » En entendant ces mots l'esprit s'évanouit.

« Le Connaisseur de Brahman devient l'Atman de tous les êtres » dit la Taittirya Upanishad. C'est le vrai swarajya-siddhi, un homme parfaitement maître de Soi. Il ne cherche dès lors ni Sauveur ni Rédempteur. Sa position ne cadre plus avec celle des écoles dualistes qui considèrent la personne comme différente de l'Être absolu qui l'a créée. La différence ici, entre le Créateur et la créature, ne consiste que dans les upadhis, c'est-à-dire les formes évanescentes avec lesquelles l'Atman s'identifie. Cette attitude du Jñânin ne repose pas sur une union proprement dite, car il n'y a pas deux principes. Il n'y en a qu'un qu'il faut découvrir. La connaissance n'est pas une acquisition : c'est une levée de voiles. Connaître consiste à oublier l'erreur dans laquelle on était tombé. On pensait jusqu'ici que deux et deux faisaient cinq. L'on s'aperçoit un jour qu'ils font quatre. L'intelligence est libérée. De même, l'on croyait que les images du monde étaient réelles, qu'elles avaient une consistance et une individualité ; l'on s'aperçoit brusquement qu'elles ne sont que des apparences d'un Être unique, le seul réel, le seul vrai.

La lumière apportée par cette connaissance transforme non seulement l'intelligence, mais la personnalité baignée alors d'une vie nouvelle faite de compréhension et d'amour. C'est ce que nous appelons la Sagesse, cet état de Conscience suprême où il n'y a pas possibilité d'erreur. L'Être vit dans la vérité, le *tattva*. Il est au centre de tous les êtres, l'Être même. Que lui manque-t-il pour avoir la félicité ? L'on croit souvent en Occident qu'il suffit d'être insatisfait par les enseignements d'une Église et d'avoir compris quelque chose à la lecture du Jñana-Yoga de Vivekânanda ou des études sur Râmana Mahârshi, pour être devenu un Jñânin. Le Jñâna n'a rien de commun avec un jeu de l'intellect. C'est un bondissement de l'esprit par delà ses frontières propres, et cet événement survient lorsque toutes les avenues intellectuelles se sont avouées sans issue. Le Soi alors se révèle. Les possibilités humaines étaient épuisées, mais l'esprit du chercheur était demeuré satvique. Il est dit dans la Katha Upanishad (2e ch., 23e vers.) : « l'Atman se révèle à qui lui plaît ».

Il ne suffit donc pas de devenir réfractaire à quelque enseignement formel pour se considérer comme un Jñânin. Car la plupart de ceux qui se détachent des raisons de croire imposées par une église ne le font que pour avoir la liberté de rechercher d'autres raisons. Ils demeurent ainsi à l'intérieur de processus rationnels de pensée, influencés qu'ils sont par une formation théologique, quelle que soit la terminologie qu'ils peuvent employer, serait-ce celle des différentes écoles matérialistes. La recherche d'une cause, quel que soit le nom que l'on donne à celle-ci, ne saurait en aucun cas ouvrir la voie de la véritable métaphysique.

Pour ma part, je n'ai jamais rencontré en Europe une personne douée du caractère du vrai Jñânin. Dans l'Inde, la seule personne possédant cette intransigeance que nous avons admirée dans Tota Puri est notre grand sage Râmana Mahârshi.

Il est donc rare de trouver un pur Jñânin ; peut-être en découvrirait-on dans la tradition grecque. Le Jñanin est un homme qui, devant la vie, rejette la voie de l'opinion, ce que les Grecs appelaient la *doxa*, et que nous appelons le *Purusha Tantra*. Ce qu'il veut, c'est saisir l'Être dans sa pureté, c'est-à-dire en abandonnant tout ce qui pouvait être personnel dans sa recherche, l'intelligence avec ses processus particuliers de découverte et d'affectivité. Cette intuition pure de la réalité, nous l'appelons *vastu tantra*. L'objet connu ici, c'est l'*Atman Brahman* qui a comme caractéristique d'être aussi le sujet qui connaît.

Lorsqu'il s'agit de la connaissance de l'intellect, le *Purusha tantra*, il existe beaucoup de façons de voir. Considérez seulement les différentes interprétations que les hommes ont pu donner de la vie après la mort. Chacune de ces spéculations projette sur l'objet l'ombre de notre affectivité et de nos manières de penser individuelles. Par là, nous nous cachons à nous-mêmes la vraie nature de la chose (vastu) au lieu de nous aider à la découvrir.

Considérant combien il est difficile pour un être humain de se détacher de son appétit de connaître (au sens où connaître consiste à laisser jouer le mécanisme naturel de son intellect), Dieu nous a donné la Révélation. Il existe plusieurs Révélations dictant aux hommes différentes manières de voir (matas) propres à régler leurs activités ici-bas.

L'attitude religieuse est donc foncièrement différente de celle de la Sagesse.

La première est une spéculation dirigée par la loi des causes premières et des causes finales et qui dépend dans ses fluctuations du tempérament du chercheur.

La recherche de la Cause première (mahâ karana) pourtant est impossible. L'univers entier se présente comme un effet. Lorsque nous trouvons la Cause d'un effet donné, nous trouvons seulement la condition antérieure, laquelle est un effet relativement à une condition antécédente qui se trouvera être également un effet, ainsi de suite à l'infini. Personne ne pourra donc voir la Cause Première. Nous ne verrons jamais que des effets. La recherche de la cause est un besoin de l'intellect. La position (le postulat) d'une Cause première est également un besoin. Mais il n'y a pas de cause qui ne soit elle-même causée, c'est-à-dire qui ne soit dans l'espace et dans le temps. Toute cause est du domaine de Mâyâ, ce qui apparaît. Il est donc absurde de dire que l'on peut rencontrer

Dieu en restant dans cet univers car l'on ne rencontrera jamais que des effets. « Qui voit Dieu doit mourir » dit l'Ancien Testament.

Nous disons que la Cause primordiale est la manifestation à l'état séminal. C'est l'*avyakta*, le non-manifesté. Ceux qui l'atteignent dans le samâdhi, ne reviennent plus dans les domaines des noms et des formes. Ils disparaissent dans le non-manifesté et c'est la fin pour eux de toute transmigration. Seules, les Incarnations divines contiennent en elles-mêmes à la fois la Cause première et la manifestation. Comment cela peut-il se faire ? Il n'y a pas de réponse à cette question :

> « Bien que Je sois non-né, de nature inchangeante et Seigneur de tous les êtres, pourtant mettant sous le joug ma Prakriti, Je viens prendre forme à l'intérieur de ma propre Mâyâ » dit le Bienheureux Seigneur dans la *Gîtâ* (ch. IV, vers. 6).

Vous voyez que la pensée indienne n'est pas exempte de mystère, ce qui, je crois, choquera beaucoup de ses admirateurs. C'est justement parce qu'il n'y a pas ici d'explication rationnelle que les penseurs hindous ont quitté le plan religieux et sont parvenus au Jñâna.

La recherche de la cause, insatisfaisante en elle-même, ne donne pas la connaissance absolue. Elle reste sur le plan de Mâyâ. Pour transcender ce plan, le candidat doit se délivrer progressivement des cinq enveloppes qui constituent sa personnalité empirique :

> Celle du corps : annamâyâ kosha ;
> Celle de l'Énergie vitale : pranâmâyâkosha ;
> Celle du mental : manomâyâkosha ;
> Celle de l'intelligence : vijñanamâyâkosha ;
> Celle de la félicité : ânandamâyâkosha.

L'Atman, le seul Être véritable, se cache derrière ces enveloppes. Celles-ci ne sont que les voiles impermanents avec lesquels il s'identifie. La Jñânin vit dans cette conscience pure au delà des régions de la causalité. Les noms et les formes (*nama rupa*) qui constituent ce monde empirique apparaissent alors à sa conscience parfaite comme des rêves par lesquels son esprit cesse d'être troublé.

> « Il n'y a pour lui ni destruction, ni création ; personne n'est enchaîné, personne ne se libère ; il n'existe ni des aspirants à la libération, ni des êtres libérés. »

Ainsi parle *Gaudapada* dans ses *karikas.* Le monde est le domaine de l'*avidya,* la nescience. C'est de lui que l'on peut dire : « d'une graine magique, une pousse magique est née ; cette pousse n'est ni permanente, ni périssable. Telles sont les choses et avec les mêmes raisons ». *Brahma satyam jagat mithya,* Brahman est réel, le monde est un rêve : cette connaissance absolue nous est donnée dans l'*anubhâva,* l'intuition radicale de l'Atman.

Jamais la relation de causalité ne nous accordera cette intelligibilité parfaite, car celle-ci se contente de lier ce qui se passe dans le domaine de la phénoménalité. Saisissant ce qui est derrière les apparences, le Jñânin parvient à ce qui n'est pas irréel, *sat,* ce qui n'est pas inconscient, *chit,* ce qui n'est pas dépourvu de félicité, *ânanda.*

Le monde est sans cause (*Ajâ*), il n'est pas réel. Il appartient au domaine de l'opinion : *mâta.* Le *tatva,* la réalité que le Jñanin appréhende est de l'ordre de *Sat-Chit-Ananda.*

En tant que saint Jean de la Croix est un chercheur de la Cause Suprême, l'on ne peut dire de lui qu'il est un pur jñanin. Dieu reste pour saint Jean de la Croix le Père des créatures, la Cause Suprême à qui le monde est subordonné. Lorsque l'âme s'unit à Lui, elle reste malgré cette union, différente de l'Esprit qui l'éclaire. Certes :

> « l'âme est transformée ; elle participe à ce qui est Dieu, elle paraît Dieu plutôt qu'âme ; *elle est Dieu par participation* » mais « elle conserve son être naturel, aussi distinct de Dieu qu'auparavant malgré sa transformation, comme la vitre est distincte du rayon tout en étant éclairée par lui ». (*Montée du Carmel,* livre II, ch. IV.)

Il semble que dans le Yoga de saint Jean de la Croix demeure encore la notion du Créateur et de la créature. L'union avec Dieu est chez lui une réalisation par la foi.

Par là, vous pouvez comprendre pourquoi nous disons que le saint n'est pas un Jñanin métaphysique. Pour le pur Jñâna la recherche même est un mythe. Elle postule une structure de l'intellect incompatible avec la position de la métaphysique, du pur *Tatva*.

Nous trouvons cependant dans saint Jean de la Croix une démarche et une attitude comparables à la démarche et à l'attitude gnostiques. Le saint possède au plus haut degré les vertus considérées comme nécessairement indispensables à la réalisation du *Jñâna*.

Quelles sont ces vertus ? Les *Upanishad* en distinguent quatre : la première est la distinction constante entre le Réel et l'irréel, *viveka*. Vous voyez ici se dessiner le chemin suivi par le moine, plus étroit que le fil du rasoir. Le Réel, selon nous, est l'aspect non transitoire, l'Atman qui nous suit comme une ombre. L'intuition voilée (tamasique) que nous en avons devient claire et distincte lorsque nous renonçons véritablement à ce qui est transitoire, c'est-à-dire à tout ce que nous connaissons jusqu'ici.

Pour saint Jean de la Croix, la réalité est Dieu seul. C'est le leitmotiv des couvents de Carmes. L'exemple de cette discrimination leur est fourni par le Christ, dans sa vie et jusque sur la Croix.

« Il faut se conformer en tout à ce qu'il a fait... » recommande saint Jean. Cette distinction une fois établie, l'on doit la réaliser dans la vie.

« Il ne sert à rien de déclarer que les épines n'existent pas et de se mettre à crier dès qu'on les rencontre » disait Çrî Râmakrishna. Elle entraîne une existence sortie des normes ordinaires ; le vrai sannyasin de l'Inde ne reste pas trois jours dans le même endroit. Comme l'imitation intégrale du Christ, cette conduite réalise une intégration parfaite de l'homme avec le principe spirituel qu'il a découvert au dedans de lui et qu'il considère comme la seule réalité.

La discrimination, lorsqu'elle est réelle, repose sur une

illumination de la *buddhi*, ce principe spirituel qui est à la fois intelligence et volonté. Elle entraîne donc tout naturellement une transformation non seulement de la pensée mais encore de la conduite humaine. Voilà pourquoi nous trouvons chez les Grands Êtres qui ont « réalisé » une telle unité de la *pensée* et de *l'action*.

« Une âme est d'autant plus unie à Dieu qu'elle est plus élevée en amour, ou qu'elle conforme mieux sa volonté avec celle de Dieu.

« Celle dont la volonté est totalement conforme et semblable à celle de Dieu est aussi celle qui est totalement *unie et transformée* surnaturellement en Lui » écrit le Saint dans la *Montée du Carmel* (IV). Saint Jean de la Croix nous offre dans sa personne l'exemple de cette discrimination parfaite.

Le second attribut nécessaire au *Jñânin* est le *renoncement* pour tout le fruit des œuvres ici-bas et dans l'au-delà.

> « Oh ! si les âmes adonnées à la spiritualité savaient de quels biens et de quelles faveurs spirituelles elles se privent, en ne voulant pas se détacher entièrement des bagatelles de ce monde. »

Ces paroles du saint sont en parfait accord avec la doctrine du Yoga telle qu'elle est exposée dans l'école de Râmânuja par exemple où la bhakti est tempérée par un profond exercice de l'intelligence et par une méthode de purification de la partie inférieure de l'homme dont saint Jean de la Croix parle comme de la « nuit ». « Comme la transformation en Dieu ne dépend ni des sens ni de l'habileté humaine, l'âme doit se dépouiller *complètement et volontairement de tout ce qu'elle peut contenir d'affection aux choses d'en haut et d'en bas*. ».Tel est le *vairâgya*, ce que saint Jean de la Croix appelle « le *dépouillement* et le *vide* » exigés pour la pure union avec Dieu.

On pourrait dire cependant qu'il demeure une différence entre la renonciation du Saint et celle du pur Jñâna. Dans la première l'âme se délivre du désir des biens de ce monde, mais elle ne renonce pas pour autant aux joies des fiançailles spirituelles et à la béatitude du ciel.

Saint Jean de la Croix dit en effet :

> « Alors même qu'elle acquerrerait peu à peu des *faveurs surnaturelles,* l'âme devrait toujours veiller à se considérer comme si elle en était dénuée, à se tenir dans les ténèbres comme l'aveugle en s'appuyant sur la foi obscure qui est sa lumière et son guide..., car la foi est au-dessus de toutes nos connaissances, de nos goûts, de nos sentiments et de nos imaginations. »

Cela est bien le chemin de « neti neti » suivi par le jñanin. Brahman est la négation de tout ce qui existe dans ce monde empirique et l'affirmation de son existence ne peut être réalisée que dans la négation et le dénuement : « Ce chemin de la haute montagne de la perfection, est escarpé, il est étroit » dit encore saint Jean de la Croix (*Montée du Carmel*, VI).

Il y a jusqu'ici pleine confirmité entre la gnose et la mystique. Cependant, saint Jean de la Croix ne renonce pas aux joies du ciel. L'être est, dans l'union, glorifié en Dieu. Dans l'autre vie, la jouissance des biens que l'âme possède est « parfaite » (voir *Vive Flamme d'Amour*, p. 1032). Il semble donc que l'âme cherche ici un nouvel état d'existence et du point de vue du jñâna indien ne sort pas du cadre de Mâyâ. Renoncer à cet état de béatitude divine serait en effet pour le Chrétien la négation de toute spiritualité. C'est pourtant ce que réalise le jñânin lorsqu'il installe sa vie dans un éternel présent.

Le troisième attribut comprend tout un groupe de qualités :

La tranquillité d'esprit, *shâma* ;
La maîtrise de soi, *dama* ;
Le détachement, *upârati* ;
L'endurance, *titiksha* ;
La concentration d'esprit et la foi, *samâdhâna* et *shraddhâ.*

Saint Jean de la Croix fut la tranquillité même. Il atteignit un tel degré de calme que les souffrances et les misères endurées en prison n'arrivèrent pas à altérer la pureté de son esprit.

Cette tranquillité venait de la maîtrise de soi qu'il avait acquise au cours de l'ascèse et du détachement de toutes choses.

> « Le repos de l'esprit appliqué sur son but, une fois qu'il s'est détaché lui-même du chatoîment des objets par l'observation attentive de leur insuffisance, est appelé Shâma ou tranquillité.
>
> « Tourner son esprit et ses sens loin des objets est appelé *dama* ou contrôle de soi. Lorsque l'esprit cesse d'agir sous l'impulsion des objets on appelle cela le détachement ou *upârati.*
>
> « Supporter toutes les afflictions sans essayer de les soulager et demeurer pendant ce temps libre d'angoisse et de plainte, cela s'appelle *titiksha,* l'endurance. »

Cette endurance trouvée dans saint Jean de la Croix n'est pas une qualité naturelle ; elle provient d'un acte toujours renouvelé de sa foi. C'est la confiance en Dieu qui crée en lui une rénovation complète. Ce n'est pas là une question de volonté.

> « L'acceptation par un jugement ferme de la vérité dont les écritures et le guru l'ont instruit, voilà ce qu'est pour l'aspirant la foi, *shraddhâ* par le moyen de laquelle la réalité ultime est perçue. »

La foi n'est pas chez nous une obligation imposée pour appartenir à une église. C'est le désir d'une vie supérieure qui crée pour les enseignements des sages un respect attentif. La foi est une ouverture spontanée de la pensée vers le surnaturel. La foi est, en l'homme, une préfiguration de la Sagesse. Elle implique non seulement cet attrait pour ce qui dépasse les frontières de l'intellect mais encore un effort, une persévérance, seuls moyens efficients pour donner au candidat le sentiment qu'il est en marche vers la réalisation de plus en plus effective de son idéal spirituel. Le *shraddhâ* se distingue donc par une légère nuance de la foi catholique. C'est avant tout une expérience intérieure qui s'acquiert au contact des grands maîtres spirituels. La foi vécue de cette manière donne d'elle-même la concentration.

> « Non pas une pensée simplement curieuse, mais une concentration constante de l'intellect sur le Brahman éternellement pur, c'est ce que nous appelons *samâdhâna* ou quiétude dans le soi. »

Toutes ces qualités sont longuement exposées chez saint Jean de la Croix. Parlant des faveurs amoureuses que Dieu accorde à l'âme, le Saint insiste sur la manière dont l'âme doit être disposée pour les recevoir. La connaissance de Dieu doit être reçue « passivement » dans l'âme selon le mode surnaturel de Dieu non point selon le mode naturel :

> « Il s'ensuit que pour la recevoir, l'âme doit être absolument indépendante de sa manière naturelle d'agir, libre, *tranquille*, *pacifique* et *pleine de sérénité*, à l'exemple de Dieu comme l'air qui reçoit d'autant plus de lumière et de chaleur qu'il est plus pur, plus exempt de vapeurs, plus purifié, plus calme. » (*Vive Flamme*, p. 998.)

Précédemment, l'âme *cherchait*, elle discourait et méditait sur des sujets particuliers. Maintenant, c'est-à-dire peu de temps avant d'arriver à l'union totale, elle *ne doit plus rien faire*, elle ne doit ni vouloir, ni chercher, mais se tenir dans un état de calme et de sérénité telles que son vide appelle pour ainsi dire l'infusion en elle de l'immense générosité de Dieu, « ce bien pacifique et tranquille ».

Nous disons aussi que c'est par l'entremise de la tranquillité satvique que la sagesse se répand dans l'âme « d'une manière secrète et paisible » : « Le cœur pur est semblable à une eau limpide et tranquille sur laquelle vient se refléter le rayon du soleil. C'est pourquoi seuls les cœurs purs voient Dieu » disait *Râmakrishna.*

Mais, cette paix n'est réalisée que par le détachement, l'*upârati.*

> « Ainsi donc l'âme ne doit être attachée à rien, ni à un exercice de méditation discursive, ni à une saveur quelconque sensible ou spirituelle, ou à un autre mode d'agir quel qu'il soit. Il faut que l'esprit soit tellement libre et indépendant par rapport à tout objet créé que tout ce qui est pensée, discours ou jouissance dont l'âme voudrait se servir serait pour elle un obstacle et une préoccupation ; j'ajoute qu'alors *elle troublerait ce silence profond* qu'il convient à l'âme de garder dans sa partie corporelle et dans sa partie spirituelle pour écouter cette parole si profonde et si délicate que Dieu lui dit au cœur dans la solitude, pour écouter selon David au sein d'une paix et d'une tranquillité souveraine, la parole que le Seigneur lui adresse. Car *Dieu ne parle que dans la solitude de cette paix.* » (*Vive Flamme*, p. 998, Ed. du Seuil.)

Le *Purusha* ne peut se refléter que dans le mode satvique de la *Prakriti.* L'on ne peut trouver entre l'attitude chrétienne et celle du jñâna yogin indien une concordance plus parfaite et une plus grande harmonie.

Les vertus conduisant au seuil de la connaissance suprême sont décrites de part et d'autre avec des images identiques.

Le détachement (*upârati*) et le contrôle de soi (*dama*) doivent accompagner cette tranquillité. C'est dans ce sens que Jean interprète le prophète *Habacuc* lorsqu'il dit :

> « *Je me tiendrai debout* et *je serai sur mes gardes* ; *je demeurerai ferme sur mes remparts* et je contemplerai ce qu'on me dira. » « C'est, ajoute Jean, comme s'il disait : j'élèverai ma pensée au-dessus de toutes les opérations et de toutes les connaissances qui peuvent atteindre mes sens, comme aussi de tout ce qu'ils ont pu garder et retenir en eux-mêmes. » (*Vive Flamme*, p. 1000.)

Mais, cette *concentration d'esprit* (*samâdhâna*) est difficile à conserver.

> « Il suffit pour tout troubler du plus petit acte que l'âme veuille accomplir par elle-même, à l'aide de sa mémoire, de son entendement ou de sa volonté. »

C'est ici qu'intervient avec profit dans la sâdhanâ indienne la discipline du Râja-yoga. Nous y reviendrons bientôt.

Cette « *concentration constante sur Brahman l'éternellement pur* » que conseillent nos Écritures, est remplacée dans Jean de la Croix par une « *connaissance obscure* ». Car, l'entendement ne peut pas savoir comment Dieu est, « il doit donc s'approcher de lui comme un vaincu ». (*Vive Flamme*, p. 1008.)

En effet, Dieu dépasse toute connaissance distincte. « Il est incompréhensible et inaccessible à l'entendement. » Lorsque l'entendement essaie d'agir, il s'éloigne plutôt de Dieu. Il lui faut donc *cesser toutes ses opérations.* (Yogah chitti vritti nirodah, « l'arrêt des vagues du mental » est la définition indienne du yoga.) De cette manière, l'esprit se purifie. Mais pourrait-on demander, et saint Jean prévoit l'objection, de quoi s'occupe alors l'esprit ? « De rien » répond saint Jean. Et c'est alors qu'il travaille le plus. Il possède une connaissance toute obscure car « Dieu n'étant pas intelligible en cette vie, est un rayon de ténèbres pour l'entendement. » (*Vive Flamme*, p. 1009.)

> « Ce qui est nuit pour tous les êtres, c'est en cela que *veille* l'homme qui s'est contrôlé. » (*Gîtâ*, II, 69.)

Mais, et c'est une objection que l'on adresse aussi au Jñâna indien, l'on ne peut aimer que ce que l'on connaît et qu'est-ce qu'un Dieu qui n'a ni forme, ni caractère ? En un mot, comment peut-on adorer un Dieu impersonnel ?

A cette question, saint Jean de la Croix répond pertinemment :

Il commence par reconnaître que la volonté ne peut être inclinée à aimer que par une connaissance distincte. L'amour ne se dirige que vers ce qui est perçu par l'entendement.

Mais, ajoute-t-il, « cela est vrai surtout lorsqu'il s'agit des opérations et des actes que l'âme opère naturellement ».

Il n'en est plus de même lorsqu'il s'agit du surnaturel.

Lorsque Dieu lui-même agit, et qu'il s'infuse dans l'âme, « *il n'est pas nécessaire que l'âme ait une connaissance distincte ni qu'elle mette en activité son intelligence* » [2].

Dieu envoie à la fois amour et connaissance et l'esprit n'a qu'à recevoir dans la Paix. C'est une « connaissance générale et obscure » comparable à la lumière qui diffuse sans rencontrer d'obstacle dans un espace illimité et serein.

> « Le soleil est tout prêt à entrer dès le matin dans votre appartement aussitôt que vous en ouvrez les fenêtres. Telle est la conduite de Dieu qui veille sur Israël ; *il ne dort pas*, mais il entre dans l'âme qui est détachée absolument de toute créature et la remplit de ses trésors. » (*Vive Flamme*, p. 1006.)

La connaissance de *Brahman* est décrite de la même manière dans les *Upanishad.*

La lumière est toujours là. Mais elle ne peut pénétrer en nous tant que nous imposons entre elle et nous les formes de ce monde empirique, formes qui sont autant de barrières à cette réalisation de la divine unité. « La Grâce souffle sans cesse, disait Râmakrishna, déployez seulement vos voiles. »

Dieu pénètre en nous, faisant éclater toutes nos barrières... Si l'on ne le comprend pas, alors c'est qu'il est comparable à un rayon de soleil qui entre par la fenêtre. Plus il est pur et dégagé d'atomes, moins il est visible ; plus, au contraire, il y a d'atomes et de poussières dans l'air, plus il semble perceptible à l'œil.

> « L'explication de ce phénomène, ajoute le saint, c'est que nous ne voyons la lumière que par la réverbération

2. « Brahman est réellement compris par celui qui le connaît comme incompréhensible. Il ne le connaît pas celui qui croit l'avoir compris. Il est inconnu à ceux qui connaissent et connu à ceux qui ne connaissent pas. »
(*Kena Upanishad*, II, 2.)
Ou, comme le dit le Philosophe cité par saint Jean de la Croix : « Les choses surnaturelles sont d'autant plus obscures pour notre entendement, qu'elles sont, en elles-mêmes, plus claires et plus évidentes. »
(*Vive Flamme.*)

qu'elle produit autour d'elle, sans cela on ne la verrait pas. Voilà pourquoi si un rayon de soleil entrait par une fenêtre et passait par la fenêtre opposée en traversant le milieu de l'appartement sans rencontrer un objet, *il n'y aurait pas plus de lumière* qu'avant dans l'appartement et on ne verrait pas le rayon. »

Telle est la manière d'agir de la connaissance divine. Sa lumière entrant dans l'esprit purifié n'est arrêtée par rien : n'étant ainsi astreinte ni affectée par aucun objet particulier, soit naturel, soit divin, elle permet à l'esprit porté par elle, d'explorer jusqu'aux profondeurs de Dieu.

« C'est parce qu'il ne goûte rien et ne comprend rien en particulier qu'il est très bien disposé à tout pénétrer. » (*N.O.*, 580.)

C'est de la sorte, ajoute encore saint Jean de la Croix, que se vérifie mystiquement le mot de saint Paul ; *Nihil habentes omnia possidentes* : Nous n'avons rien et nous possédons tout. Telle est la béatitude qui est réservée à une telle pauvreté.

Nous trouvons dans la pensée indienne, le Jñâna expliqué d'une manière étonnamment semblable.

« Il est exact, disait Çrî Râmakrishna, que le mental ordinaire conditionné ne peut pas réaliser Dieu. Mais Dieu peut être réalisé par un mental pur (shuddhamanas) qui est la même chose que la raison pure, qui est la même chose que l'âme pure et non conditionnée (shuddha-atman). Il ne peut être atteint par la raison bornée, ni par le mental borné, relatif, conditionné, qui a une nature sensorielle... Mais le mental peut se débarrasser de sa nature sensorielle, être purifié par une culture appropriée et redevenir libre de tout désir, attachements et tendances à ce monde, ne plus faire qu'un avec l'âme non conditionnée. »

L'atman est ainsi réalisé lorsqu'il ne reste plus de la personne humaine aucune trace.

Râmakrishna comparait encore l'arrivée de la connaissance dans l'homme à une poupée de sel qui s'immerge dans l'océan.

> « Dès qu'elle eut fait un pas dans l'océan, elle fut perdue, il devint impossible de la voir. Toutes les particules de sel qui la composaient se dissolvèrent dans l'eau de mer... C'est que le différencié était devenu un avec l'indifférencié. Tel est ce qui arrive à celui qui a le bonheur de réaliser le Dieu absolu dans les profondeurs insondables du nirvikalpa samâdhi. »

Çamkara compare aussi la connaissance suprême au reflet du soleil se jouant dans l'eau contenue dans des vases. Les vases une fois cassés, le reflet du soleil n'est plus aperçu. Est-ce à dire qu'il a cessé d'être ? L'absence d'objet à éclairer ne signifie pas l'absence de lumière.

Saint Jean de la Croix trouve ainsi pour parler de la connaissance divine les paroles d'un pur jñânin.

C'est qu'il croit, comme le jñânin, que Dieu est présent dans toute âme et qu'il ne cesse de l'assister d'une manière substantielle. C'est ce qu'il appelle l'union naturelle.

Pour arriver à l'union mystique, à ce que nous appelons le yoga, il suffit de transformer cette union substantielle en union surnaturelle ou union par amour.

De même, pour le vedantiste chercheur de l'absolu, l'Atman se trouve en toute âme ; c'est lui qui en constitue l'essentiel. Ce qui est le véritable Moi de l'homme est Sat Chit Ananda. Mais il reste à l'homme à faire retour à cette nature essentielle et cela par la voie de la connaissance et de l'amour.

« La vraie nature de l'homme, du jiva est l'éternel Sachinanda. Mais l'égoïsme a élevé tant de barrières et de limites (*upâdhis*) en lui, qu'il a oublié sa propre nature » disait Râmakrishna ; et de même saint Jean de la Croix : Pour s'unir à ce Dieu qui est déjà à l'intérieur de soi-même, « l'âme n'a besoin que de se dépouiller de ces oppositions et de ces dissemblances naturelles »... C'est alors que Dieu qui se communique déjà naturellement à elle par la nature, se communiquera alors surnaturellement par la grâce. Ces oppositions, ces dissemblances, c'est ce que nous appelons les upâdhis, ces enveloppes de l'âme qui l'empêchent de s'unir au Moi divin. La sâdhanâ pour saint Jean de la Croix se présente donc de même manière que pour le jñânin indien : il s'agit de lever les enveloppes et de se retirer de Mâyâ.

> « Comme l'âme est en Dieu d'une manière éminente comme toutes les créatures, Dieu lui enlève quelques-uns de ces voiles nombreux qu'elle porte sur les yeux pour qu'elle puisse voir comment il est. » (*V. F.*, 1040.)

Seulement, dans saint Jean de la Croix, l'âme n'arrive à voir Dieu qu'au travers d'« un transparent », car les voiles ne seront *complètement enlevés* qu'après la mort.

Pour le jñânin hindou comme pour le saint chrétien, cette vision divine change la vue que la personne a du monde.

> « L'âme voit d'un seul coup d'œil ce que Dieu *est en lui-même* et ce qu'il est *dans ses créatures* ; comme celui à qui on ouvre la porte d'un palais y voit d'un seul coup d'œil l'éminent personnage qui l'habite, et ce qu'il y fait. »

L'âme voit Dieu à l'œuvre dans les créatures. Elle voit comment Il les manie *par sa vertu* :

> « Il lui semble qu'elle voit en même temps ce qu'il fait, comment il se meut dans les créatures et comment les créatures se meuvent en lui d'une manière ininterrompue. »

A l'aspect sans forme que nous avons vu tout à l'heure (celui de la lumière), s'ajoute dans la pensée de saint Jean de la Croix l'aspect *formel* du divin.

C'est que, comme le disait Râmakrishna, celui qui redescend du samadhi au plan de la conscience sensorielle voit ensuite toutes choses comme une expression du divin. Il garde juste l'individualité suffisante pour conserver la vision spirituelle.

Il voit alors *jiva* et *jagat* et *lui-même* comme l'*Un* se manifestant sous des formes multiples. Cette vision glorieuse, ajoutait Râmakrishna, vient au vijñanin qui a réalisé le *nirâkâra* ou *nirguna Brahman* dans le *nirvikalpa samâdhi.*

> « Dieu, homme et nature sont les visages différents d'une seule Réalité. Lorsque vous en avez déchiffré un vous les lisez tous. »

La réalisation de saint Jean de la Croix est, on le voit, très proche de celle du jñânin indien. Avec lui, il reconnaît les deux aspects du divin : le *nirâkâra,* le sans forme, et le *sakâra,* avec forme. Le *nirâkâra* n'est cependant pas nécessairement *nirguna,* sans attribut. Dieu connu dans cet état ne possède pas de forme, mais peut posséder toutes les vertus. S'il est pour saint Jean de la Croix, « connaissance et amour », il est pour le jñânin indien Asti, Bhâti, Priya : Existence, Lumière et Amour.

La quatrième condition nécessaire à l'aspirant au jñâna est un désir intense de libération (*mumûkshutva*).

Saint Jean signale également ce désir chez les aspirants.

> « Mon âme, disait Job, est toute languissante en elle-même, elle est toute bouillante sans aucune espérance. »

La cause en est, ajoute Jean, que l'âme est appelée à posséder dans l'état de perfection, où l'achemine la voie de la nuit purificatrice, les biens innombrables des dons et des vertus. Il faut donc que d'une manière générale elle se voit et se sente éloignée, privée, dénuée de tous ces biens comme une étrangère.

Çrî Râmakrisna comparait cette souffrance à celle d'un cambrioleur enfermé dans une pièce qui sentirait la présence d'un lingot d'or dans la pièce à côté. Il n'a qu'à fracturer la porte pour entrer en possession de toute cette richesse et il souffre le tourment de ne pas encore la posséder.

Saint Jean de la Croix n'est pas seulement un candidat à cette connaissance divine. C'est un homme qui est parvenu à faire l'ascension suprême, le *yoga rudha*, celle des sommets dont on ne retombe jamais.

Saint Jean de la Croix n'est pas un jñânin du type métaphysique comme le Mahârshi, Râmana Mahârshi cherche le *jivan mukti,* la libération dès ici-bas. Cette libération ne se présente pas comme un passage d'un état d'existence dans un autre état mais comme une *compréhension* de tous les états. C'est une réalisation de l'Un dans tous les états.

Ce que recherche plutôt saint Jean de la Croix, et ceci est en accord avec sa formation théologique, c'est un mode d'existence, une libération de cette vie pour la vie dans le divin. Nous l'appelons un *videha mukti*, un homme qui s'élève vers un état suprême d'existence après la disparition du corps.

Pour le Mahârshi, il n'y a pas d'avenir. « L'être est, le non-être n'est point. » Il ne sortira pas de cet éternel présent. C'est l'Être qui agit sous des apparences multiples ; la mort n'apporte pas une plus grande révélation au *mukta.*

Pour saint Jean de la Croix, alors même que l'âme parvient à la transformation du mariage spirituel, état le plus élevé auquel on puisse atteindre en cette vie, l'union n'est jamais « parfaite, ni absolue ». La transformation complète ne s'accomplit qu'après la mort dans la gloire. (p. 740, *Le Cantique spirituel.*)

En résumé, nous pouvons dire que saint Jean de la Croix est un *jñânin* en ce sens que s'appuyant sur une discrimination radicale (Nityânityavastuviveka), il s'élève jusqu'à une connaissance informelle (Nirâkâra) de la Divinité. Cette connaissance se présente comme une rupture des cadres normaux de l'intellect et une infusion du principe divin dans la sérénité. Elle a pour nous les trois caractères qui en font la connaissance suprême : Asti-Bhâti-Priya : Existence, Connaissance et Amour.

Quoique ces trois termes comportent une signification différente dans nos deux théologies, il n'y a pas le moindre doute que c'est par eux que nous pouvons le mieux exprimer le rayonnement de l'expérience mystique de saint Jean de la Croix et la conquête de l'Absolu qu'il a réalisée.

4

Le bhakti-yoga et l'œuvre de saint Jean de la Croix

4

Le bhakti-yoga et l'œuvre de saint Jean de la Croix

Nous avons vu comment nous pouvons, dans une certaine mesure, considérer la doctrine de saint Jean de la Croix comme un yoga de la Connaissance, c'est-à-dire une union avec Dieu par une ouverture du cœur se prolongeant en illumination de l'intelligence.

Nous allons aujourd'hui étudier cette doctrine du point de vue de l'amour et montrer le rôle parallèle que joue ce sentiment dans la pensée indienne et dans l'œuvre mystique de saint Jean de la Croix.

L'amour est pour nous la dimension véritable de l'Être, lorsque l'on considère celui-ci dans sa nature infrangible et infinie. L'Être est amour comme il est « existence et lumière ». Il est *asti bhâti priya.* Ces trois déterminatifs sont inséparables. Dans le secret d'une connaissance pure, l'Être se présente à la fois comme existence, lumière et amour, l'amour étant aussi la suprême félicité (ânanda).

Comme Dieu dans la pensée carmélitaine, le Seigneur est décrit dans notre langage par « cette essence d'amour extatique dont personne ne peut parler » : « *anirvachaniya prêma svarupa* », Dieu est amour et l'amour est le moyen suprême d'arriver à la divinité. Quelle que soit la voie que l'on emprunte, rien n'est encore fait si l'on ne connaît pas la charité, disait saint Paul. Ces mots traduisent exactement notre pensée : nous aurons beau être un pandit qui connaîtra et qui croira avoir réalisé l'« Être en tant qu'Être » et la conscience pure par-delà la temporalité, tant que nous ne connaîtrons pas l'amour, l'amour suprême qui est la source et la sève des êtres, nous n'aurons rien réalisé.

En l'amour nous vivons, nous nous mouvons et nous avons notre être. C'est en l'amour que nous sommes enracinés.

C'est pourquoi l'amour est le but de la trame de notre existence. Nul ne peut vivre un seul instant sans aimer ou sans l'espoir d'être aimé. L'amour seul nous donne le sentiment de la vie complète. Car seul il nous permet de vivre dans l'unité.

Aimer ou être aimé n'est donc pas autre chose que retrouver son être et vivre dans le sein même de la réalité. L'amour est, en effet, la vie unitive et partant la vie parfaite. Il est la suprême félicité. « Ama et fac quod vis », ce prétexte est à la base de la pure mystique chrétienne, car celui qui aime vraiment ne peut pas vraiment se tromper. N'a-t-on pas dit aussi qu'à celui qui a beaucoup aimé il sera beaucoup pardonné ? C'est que celui qui aime vraiment est toujours dans la vérité. « Advaita jñan âchalè bèndè, jâ icchâ, tâ koro », « gardez la connaissance de l'advaïta dans votre poche et faites ce que vous voulez », disait Râmakrishna. L'advaïta est la connaissance complète, celle du non-dualisme entre nous et la félicité. C'est la vie dans l'amour par la victoire sur les dualités.

L'amour est, en effet, une conquête difficile. Elle demande le dépassement de la personnalité. Nous ne pouvons pas aimer et rester tels que nous sommes. Pour aimer, nous devons nous transcender. Notre vie, en effet, tant qu'elle reste particulière est coupée de la vie qui est *une* en vérité. Enfermés dans les limites de notre existence personnelle, nous ne pouvons plus être irrigués par le grand courant de l'Être, nous sommes pour ainsi dire déviés de l'amour.

Avant de se perdre dans les sables mouvants de notre égoïsme, le courant s'est arrêté. Cette stagnation de la vie en nous nous est insupportable. Il nous semble que nous avons perdu l'amour. Seulement, nous ne pouvons jamais le perdre tout à fait. Il se rappelle à nous par un sentiment d'inquiétude et d'incomplétude, une souffrance qui nous révèle à nous-mêmes que tant que nous ne l'avons pas trouvé nous n'existons qu'à moitié. La preuve de son existence est la trace douloureuse que laisse son absence dans notre sensibilité.

C'est parce que nous le connaissons obscurément en nous-même que nous sommes avides de le posséder tout entier. « Tu ne me chercherais pas si tu ne m'avais pas déjà trouvé. » Telle est la parole que nous entendons dans l'intimité de cette quête éternelle. Mais nous ne connaissons pas ce que nous possédons en entier.

La raison en est que nous ne nous connaissons pas nous-mêmes, dispersés que nous sommes autour de notre individualité. L'*Atman* s'écoule en dehors de lui par des milliers de pores jouissant du spectacle de la multiplicité, il se perd de vue en se confondant avec elle. C'est dans cette identification avec les différentes « enveloppes », (les *koshas*), qu'apparaissent les différentes personnalités, tels des masques cachant le visage de la réalité suprême.

Tout l'effort de la vie spirituelle ne consiste plus désormais qu'à démasquer le visage de l'Être. C'est lui qui brille à travers les voiles ; le rayonnement de sa gloire transparaît sourdement à travers l'univers ; sa beauté imprègne toutes les choses qui passent ; dans l'élan de la création, la joie de son amour ne cesse de chanter. C'est ce que dit aussi Jean de la Croix dans le *Cantique Spirituel* :

« *C'est en répandant mille grâces*
Qu'il est passé à la hâte par ces bocages
En les regardant
Et de sa figure seule
Il les a laissés revêtus de beauté. »

En le cherchant en dehors de nous-mêmes, nous le cherchons dans ses reflets, la multitude des noms et des formes dans lesquels, comme une fusée qui s'ouvre, il s'éparpille.

Excités par sa présence à l'Intérieur de nous-mêmes, nous nous précipitons pourtant vers elle et restons désolés de l'infructuosité de notre chasse dans ce monde « manifesté ».

« *Où vous êtes-vous caché,*
O Bien-Aimé, et pourquoi m'avez-vous laissée gémissante ?
Comme le cerf, vous avez fui
Après m'avoir blessée.
Je suis sortie après vous en criant et vous étiez parti. »

Un jour vient où cet insuccès nous désespère :

« *Ne m'envoyez plus de messagers*
Qui ne savent pas répondre à ce que je veux. »

Il reste à l'âme à deviner qu'il est présent tout entier à l'intérieur de chaque parcelle de ce monde manifesté. Car : « Indivisible, il apparaît comme divisé en une multitude d'êtres ». Et :

« Sattvique est cette connaissance qui distingue la même substance indestructible au sein des êtres séparés. »

Ainsi parle le Bienheureux Seigneur dans la *Gitâ*.

Mais pour découvrir cela, il lui faut d'abord le trouver à l'intérieur d'elle-même, dans la chambre solitaire et silencieuse où l'a conduite son Bien-Aimé :

« *Dans le cellier intérieur*
De mon Bien-Aimé, j'ai bu... »

C'est alors qu'elle verra que dans tout ce qu'elle aimait c'était lui qu'elle aimait, car, de même que la conscience pure est provisoirement cachée par les images qu'elle projette dans les songes, de même que la corde réelle est prise momentanément pour un serpent dans l'illusion d'un homme apeuré, l'être n'a jamais fait défaut sous l'apparence illusoirement bigarrée des formes multiples et passagères. A travers celles-ci, il n'y avait *que lui* pour être aimé.

« *Ce n'est pas, ma chérie, pour l'amour de l'époux que l'époux est aimé, mais c'est pour l'amour de l'âtman.* »

« *Ce n'est pas, ma chérie, pour l'amour de l'épouse que l'épouse est aimée, mais c'est pour l'amour de l'âtman.* » (Brihadâranyaka Upanishad.)

L'Atman une fois réalisé, l'âme comprend qu'il n'était que lui partout, le seul être à aimer :

« *Mon Bien-Aimé est comme les montagnes,*
Comme les vallées solitaires et boisées,
Comme les Iles étrangères,
Comme les fleuves aux eaux bruyantes,
Comme le murmure des zéphyrs pleins d'amour. »

La découverte de l'Être tout entier présent, quoique caché dans ses effets, n'est difficile que parce qu'elle demande une collaboration de l'homme tout entier. Non pas seulement un effort de l'intelligence, mais une purification du cœur. La connaissance de l'amour est une connaissance de la vie au centre même de notre être et cette connaissance « dépersonnalisante » est une connaissance qui purifie. Le cœur y travaille autant que l'intelligence.

La félicité de l'amour ne s'atteint que dans un « acte complet » qui ne laisse place ni aux vagabondages des pensées sur le passé, ni aux aspirations du cœur vers l'avenir. Toutes les puissances de l'être se rassemblent et convergent dans une intuition présente de l'infini.

Cette immersion dans l'Être suprême est un retour aux sources du créé : « Je t'ai cherché parmi les places publiques de ce monde, et je ne t'ai point trouvé. » Celui qui veut l'amour doit aller le puiser à sa source et sortir du monde manifesté :

« *Si donc sur la place publique*
Je ne suis à partir de ce jour ni vue ni rencontrée,
Vous direz que je suis perdue,
Que, marchant comblée d'amour,
Je ne suis constituée perdue, et j'ai été gagnée. »

La connaissance de l'*ânanda* n'est atteinte que par un dépassement des joies superficielles, un dépouillement des enveloppes qui constituent nos différentes personnalités :

« *Dans la solitude, elle vivait* ;
Dans la solitude, elle a placé son nid ;
Dans la solitude la conduisait
Seul son Bien-Aimé,
Blessé lui-même d'amour dans la solitude. »

La grandeur de la créature, disait notre poète Rabindranath Tagore, consiste dans le fait qu'elle est liée *vitalement* à l'infini. L'homme n'est pas un esclave mais un amoureux par essence. C'est dans l'amour que réside son accomplissement et sa liberté. L'amour seul, en l'unissant au Divin, lui donne la compréhension universelle. Sans lui, la vie perd sa signification. Elle n'est alors que souffrance inquiète et torture morale : « L'âme qui n'est pas arrivée à la perfection de l'amour, n'est pas arrivée à l'union, dit saint Jean de la Croix dans la *Nuit obscure*, elle a faim et soif de ce qui lui manque, c'est-à-dire de l'union. » L'unité seule est vérité : « Tout est uni dans l'*ânanda*, car le Créateur vit dans l'*ânanda*, vraiment. Les êtres sont unis dans l'amour. Ils demeurent dans l'amour. A la fin de l'évolution, ils font retour à l'amour. »

C'est dans cette conscience amoureuse de Dieu que vivaient les *rishi* de jadis. C'est en elle que les *Upanishad* puisent leur inspiration.

Tel le bouquetin porte-musc qui découvre en mourant que le parfum après lequel il courait émane de lui-même, nous découvrons que la source de l'*ânanda* est en nous. Mais nous ne pouvons le découvrir qu'en mourant. Car le Bien-Aimé ne se laisse pas capter dans le miroir d'une personnalité particulière. L'épouse ne doit pas aimer, elle doit devenir Amour, c'est-à-dire que se dépouillant des différentes personnalités qui lui servaient de masque, elle doit trouver sa place au centre d'elle-même, c'est-à-dire dans l'Être pur :

« *Écoute, ô mon Dieu, ce que je dis,*
Cette vie-là, je ne la veux pas.
Je meurs de ne point mourir. »

Le bhakti-yoga est la science de l'ouverture du cœur. C'est par le cœur que nous atteindrons cette « sagesse mystique » qui, au dire de saint Jean de la Croix lui-même est un produit de l'amour. (Prologue du *Cantique Spirituel.*) L'amour, en effet, non seulement nous « enseigne les vérités, mais nous les fait savourer. »

Le *bhakta* est un homme qui cherche à réaliser l'unité par l'amour. Ce qui l'attire dans le Seigneur, ce n'est pas la puissance, mais c'est sa puissance d'aimer et d'être aimé. Le *bhakta* cherche à se perfectionner dans l'amour pour le bien de l'amour même.

Avant d'arriver à ce stade, il commence par aimer pour se conformer aux Écritures et pour être en accord avec une conception logique qu'il se fait de la divinité. Sa dévotion est encore « verte » (*gauni*), elle a besoin de mûrir. Le dévot la considère comme un simple moyen qui lui permettra de parvenir un jour à la Félicité, au *svarga*, au ciel. Elle se nourrit de rites, de cérémonies religieuses, de sacrements. La conversation ou la compagnie des hommes pieux l'enflamme. Elle augmente aussi avec la prière, le silence, une existence saine et la méditation.

L'homme, cependant, arrive à prendre goût à sa dévotion. Celle-ci devient peu à peu une espèce de fin en elle-même. La concentration de l'esprit sur un objet idéal rassemble les puissances effectives. La force et la perfection qui se dégagent de l'objet de contemplation se communiquent peu à peu au dévot qui médite sur lui. L'idéal devient une réalité vécue, intuitive. Entre lui et le dévot, il s'est produit une espèce d'identification par une ascension lente de ce dernier sur le plan de sa contemplation. C'est au cours de cette première étape que l'aspirant doit mener la lutte contre les instincts inférieurs qui menacent à chaque instant de déranger l'ordre nouveau. L'amour manifeste ici sa vertu active. Il suffit à lui seul à délivrer l'individu de ses tendances nocives et à imprimer dans sa nature une nouvelle direction.

Cette purification est aidée par ce que saint Jean de la Croix appelle la méditation discursive, c'est-à-dire la réflexion poursuivie sur un thème donné en rapport avec l'idéal.

Cette rumination mentale produit dans l'être une nouvelle habitude. Elle l'enrichit de réflexes destinés à l'aider dans son développement spirituel. C'est aussi le but visé par la liturgie, les sacrifices, les aumônes et la répétition du Nom de Dieu : le corps et l'âme doivent contracter l'habitude du service divin. Lorsque ces pratiques sont accomplies avec vigilance, c'est-à-dire avec la pleine conscience de leur valeur, la nature tout entière de l'être devient sattvique : elle se purifie de ce qui lui restait des tendances animales et s'établit sur le plan d'une plus grande paix. Saint Jean de la Croix nous met cependant en garde contre les déformations que peuvent apporter dans une âme l'abus des pratiques extérieures lorsqu'elles sont accomplies sans discernement. Au cours de la Montée du Carmel, il analyse très finement les défauts dans lesquels peuvent tomber les candidats. C'est ainsi que l'âme peut utiliser la dévotion comme un moyen de se complaire à elle-même : lorsqu'elle commence à se dévouer au Seigneur, en effet, « elle éprouve beaucoup de consolations dans les exercices religieux. » N'est-elle pas comme un jeune enfant tout entier livré au bras de sa mère

> « Dieu lui fait alors trouver sans travail la douceur du lait spirituel. Il la porte sur son sein qui distille pour elle l'amour le plus tendre »

A partir de ce moment, l'âme trouve ses délices à rester longtemps en oraison. Elle y passerait des nuits entières : « son goût est de faire pénitence, sa joie est de jeûner... »

Ces pratiques, certes, ne sont pas inutiles ; elles profitent à l'âme qui s'y adonne avec assiduité, mais au point de vue spirituel « il faut savoir que l'âme se conduit d'une manière très faible et très imparfaite », car elle se porte à ces pratiques à cause du goût et de la consolation qu'elle y trouve et non pas à cause de l'amour du Seigneur qui, seul, devrait compter. Elle se cherche elle-même et apporte dans ces exercices une foule d'imperfections correspondant au degré de perfection où elle se trouve elle-même.

Flattés par les heureuses dispositions où ils se trouvent,

ces aspirants ne veulent pas que quelqu'un soit bon en dehors d'eux et ils se permettent de condamner leur prochain. Tel est l'orgueil spirituel, défaut dans lequel tombent parfois les débutants.

D'autres n'en finissent pas de parler des questions spirituelles ; ils ne sortent « qu'entourés d'Agnus Dei et de reliques de saints ». Cet attachement apporté à la forme est très éloigné de la pauvreté spirituelle et le saint la condamne comme une espèce d'avarice qui est un des péchés capitaux.

Il en est d'autres qui éprouvent des mouvements de la sensualité au milieu même de leurs prières ; leur corps, insuffisamment purifié, participe à sa manière à l'exaltation de l'âme et cette participation produit en eux des passions désordonnées.

Certains, désorientés par la sécheresse qu'ils rencontrent soudain dans le service de Dieu, se laissent aller à la colère. Devenus inquiets et insupportables, ils attaquent Dieu et s'indignent de ne pouvoir avancer. Tous ces défauts se résument en une espèce de gourmandise spirituelle qui pousse l'homme à vouloir « goûter » Dieu ; plus que la pureté du cœur, ils recherchent la saveur spirituelle et croient qu'ils sont arrivés à tout lorsqu'ils ont éprouvé du goût et du sentiment dans leur dévotion.

Quelques-uns font preuve aussi d'envie et de paresse ; tous ces débutants devront passer par la purification de la Nuit.

Parlant dans la même ligne de pensée, Râmakrishna signalait les différentes nuances par lesquelles passe le bhakti-yoga ; la bhakti se trouve plus ou moins imprégnée de *sattva*, de *rajas* ou de *tamas* selon le tempérament personnel de l'aspirant : « Il y a des amours qui participent à l'humilité du sattva, d'autres à l'ostentation du rajas et d'autres encore aux forces brutales du tamas. »

L'adorateur tamasique a une foi violente : il prend Dieu par force, comme un voleur s'empare de ce qu'il convoite. Il s'écrie : « Comment ! Je hurle son nom et cependant je reste pécheur ! Mais je suis son fils ! J'ai droit à l'héritage de ses richesses ! » Sa foi est véhémente.

L'adorateur rajasique affiche sur sa personne les signes distinctifs de sa religion ; il porte un chapelet dont peut-être quelques grains sont en or ; il est très scrupuleux pour les pratiques extérieures : port de vêtement de soie dans les cérémonies religieuses, célébrations de fêtes avec pompe et splendeur, etc.

L'adorateur sattvique accomplit ses dévotions en secret ; il médite sur son lit à l'abri de sa moustiquaire et par conséquent s'attarde à dormir le matin, ce que ses amis expliquent par des insomnies ; il ne supporte aucun luxe, ni dans l'habillement, ni dans la nourriture, ni dans sa maison. Celui qui est parvenu à l'adoration sattvique est sur le dernier barreau de l'échelle qui conduit au divin ; il n'aura plus longtemps à attendre avant d'obtenir la conscience de Dieu.

> C'est que « la foi de tout homme prend la forme que lui donne la substance de son être, ô Bhârata. La foi dans les êtres incarnés est de triple espèce comme toutes choses dans la nature et elle varie selon la qualité dominante de chacun : le sattva, le rajas et le tamas ».

Ainsi s'exprime le Bienheureux Seigneur dans la *Gîtâ* et il ajoute (ch. XVII) : « Brumeuse est l'ascèse pratiquée dans un esprit brumeux, en s'imposant à soi-même effort et souffrance. On la dit tamasique. Rajasique est celle qui est effectuée pour obtenir des hommes honneur et considération ; elle est instable et éphémère. Mais le sacrifice offert sans désir d'aucun fruit personnel et selon le juste principe accompli, concentré, celui-là est sattvique. » Cette qualité de *sattva*, de pureté, suffit à nous faire admettre toutes les formes de culte offertes par le dévot à la divinité ; loin de rejeter, comme aurait tendance à le faire saint Jean de la Croix, les manifestations extérieures, les images, les formes sacrées, nous les vénérons comme des auxiliaires salutaires, une espèce de langage divin qui s'échange entre le dévot et la divinité ; un très petit nombre d'hommes peut, sans l'aide d'images, arriver à se perfectionner. L'image habitue l'esprit à penser à Dieu, à introduire son idée à l'intérieur même de la matière. Elle vaut par le souvenir et l'élan des aspirations que l'on y met.

Dieu est avant tout pour nous une personne, un être aux attributs divins remplis de pureté. De chacune de ses forces imaginées ne peuvent que se dégager des radiations bienfaisantes qui, peu à peu, transforment et élèvent notre personnalité. Par l'adoration et le culte rendus à son image, chacun de nos gestes et notre souffle même deviennent purifiés. C'est pourquoi l'idée et la forme même du divin doivent imprégner chacune de nos actions journalières jusqu'à ce que nos sentiments en deviennent divinisés. La vie perd alors son étroitesse et son égoïsme, car le Seigneur s'incarne dans chacun des actes et vit dans le cœur du dévot qu'il a spiritualisé. Cette vie dans l'intimité d'un Dieu incarné est l'essentiel de notre dévotion religieuse.

De grands jñânins, après avoir réalisé Brahman sans attribut, reviennent à cette adoration incarnée du divin ; c'est que « l'image d'argile est faite d'esprit » et, de même que « le joujou, sous forme de fruit ou d'éléphant, nous fait souvenir du vrai fruit ou de l'éléphant vivant », les images que l'on adore nous font souvenir de Dieu qui est éternel et sans forme. « Ces images, ajoutait Çrî Râmakrishna, sont les formes concrètes de l'essence éternelle et sans forme. »

Grâce à cette façon de penser, il règne dans l'Inde la plus grande liberté à l'égard des images du culte. Le but visé par la bhakti est la transformation de nos actes en des actes d'offrande et d'adoration. La contemplation infuse en effet, c'est-à-dire la possession de Dieu dans une prière continuelle ne peut avoir lieu tant que notre personnalité tout entière n'est pas devenue sattvique ; c'est pourquoi il nous est recommandé de ne pas cesser de prier. La répétition du Nom divin purifie les couches profondes de notre personne et nous élève à notre insu sur un plan d'apaisement où nous voyons les choses avec plus de clarté.

C'est dans la mesure où nous nous rendons de plus en plus aptes à capter sa lumière que l'amour que nous avions pour la divinité s'intensifie ; « lorsque l'adorateur fait un pas vers le Seigneur, celui-ci en fait seize vers lui ».

L'adorateur est comparable à l'un de ces matelots courageux qui tendent la voile et naviguent en profitant du vent. Ils arrivent bien plus vite que les autres, ceux qui dorment sur l'océan de la vie, oubliant que la grâce ne cesse de souffler. C'est ainsi que la gauni-bhakti se transforme peu à peu en para-bhakti, c'est-à-dire en dévotion pure ; celle-ci est comme la floraison du sentiment religieux.

Râmakrishna nous racontait de cette manière l'évolution de sa dévotion pour Dieu : « Chaque jour, je décorais son image (l'image de la déesse Kâli) avec des fleurs et de la pâte de jontol. Pour moi, elle n'était pas une image inerte, mais la Mère elle-même, le reposoir des vertus et de toutes les bénédictions. Je la regardais comme mon seul guide dans cette obscurité et cette confusion. Peu à peu, la vision de la Mère Divine devint mon unique passion. Les chants religieux semblaient ouvrir les écluses de mon cœur et je pleurais comme un enfant malheureux privé de sa Mère : « O Mère, où es-Tu ? Révèle-Toi à moi. Ramprasad T'a vue et il obtint Ta grâce. Suis-je une épave que Tu ne viennes pas à moi ? Pourtant, je désire seulement Te voir, ô Maman ! »

L'angoisse de la séparation divine a commencé. Râmakrishna se roulait la face contre la terre dans une pure agonie.

Plus le désir de Dieu augmente, écrit aussi saint Jean de la Croix et « plus l'âme se sent portée vers Dieu et s'embrase d'amour pour lui ». Elle ne comprend pas, d'ailleurs, d'où lui vient cette affection ; mais celle-ci est telle, l'âme voit grandir son amour et sa flamme à un tel point qu'elle se met à désirer Dieu dans une angoisse proche de l'agonie. C'est que

> « plus Râdhâ s'approche de Çrî Krishna et plus elle sent le doux parfum qui s'exhale de lui. Plus vous vous approchez de Dieu, ajoutait Râmakrishna, et plus votre cœur est inondé d'amour et de bénédiction pour lui ».

Mais l'amour, nous l'avons vu, est l'expression, sur le plan sensible de cette unité fondamentale qui est à la racine de tous les êtres ; l'amour aspire donc à l'union en même temps qu'il aspire à retrouver son intégralité. « La propriété de l'amour est de tendre à l'union, à la jonction, à l'égalité, à la ressemblance avec l'objet aimé pour se perfectionner dans le bien de l'amour même », écrit saint Jean de la Croix dans la *Nuit obscure de l'Esprit*.

C'est pourquoi l'amour donne à chacun de nous des forces nouvelles. Bien plus, comme le saint le fait justement remarquer, il donne à l'âme qui se sent encore misérable et plongée dans les ténèbres purificatrices « assez de hardiesse et de présomption » pour aspirer à l'union avec Dieu.

La dévotion vers Dieu doit un jour ou l'autre donner « faim et soif » de l'union mystique. Cette faim et cette soif sont une « anxiété d'amour » : « Semblable à la lionne ou à l'ourse qui s'en vont avec force et anxiété à la recherche des petits qu'on leur a enlevés et qu'elles ne retrouvent pas, cette âme blessée court à la recherche de son Dieu. » L'image de saint Jean de la Croix nous dit encore que l'amour n'est rien d'autre que la plus complète possession de nous-mêmes, la reprise de possession de ce qui nous appartient. Dieu, disait Râmakrishna, est notre bien propre :

> « Je vous le dis en vérité, Il nous appartient. Priez-Le en pensant qu'Il vous est plus cher que vous-mêmes. Il est plus attaché à son adorateur que celui-ci ne l'est à la Divinité. »

Cette union, l'âme finit par la désirer avec une force extraordinaire, avec toute la force qui émane de la pure nature de l'être retrouvée, pressentie et non encore conquise dans la nuit qui est la séparation de l'âme avec le créé.

C'est la voix de mon Bien-Aimé,
Le voici, il vient :
Sautant sur les montagnes,
Bondissant sur les collines,
Mon Bien-Aimé est semblable à la gazelle
Ou au faon des biches.

Le voici, il est derrière notre mur,
Il regarde par la fenêtre,
Il regarde par le treillis ;
Mon Bien-Aimé vient et me dit :
« Lève-toi mon amie, ma belle et viens !
« Car voici l'hiver est passé,
« La pluie a cessé, elle s'en est allée,
« Les fleurs paraissent sur la terre,
« Le temps de chanter est arrivé :
« Lève-toi mon amie, ma belle et viens ! »

Telles sont les paroles que Dieu dit tout bas, au centre de l'âme qui s'est donnée. L'âme alors lui répond :

Mon Bien-Aimé est à moi et je suis à Lui.

Sur les montagnes qui nous séparent,
Sur ma couche pendant les nuits,
J'ai cherché Celui que mon cœur aime,
Je l'ai cherché et je ne l'ai point trouvé ;
Je me lèverai et je ferai le tour de la ville...

Les gardes qui font la ronde dans la nuit m'ont rencontrée :
Avez-vous vu Celui que mon cœur aime ?...

Ils m'ont frappée, ils m'ont blessée,
Ils m'ont enlevé mon voile ;
Je vous en conjure, filles de Jérusalem,
Si vous trouvez mon Bien-Aimé
Que lui direz-vous ?
Que je suis malade d'amour.

Je suis à mon Bien-Aimé et ses désirs se portent vers moi...

Car l'amour est fort comme la mort...
Les grandes eaux ne peuvent éteindre l'amour
Et les fleuves ne le submergeraient pas !

Le *Cantique des Cantiques* nous décrit cet amour impatient, cet amour qui doit recevoir l'objet de ses vœux ou mourir. « Si l'amour que vous avez pour Dieu, disait Râmakrishna, est aussi fort que les trois passions réunies, vous êtes certains d'atteindre Dieu : l'amour qu'un homme charnel éprouve pour les choses de ce monde ; celui qu'un avare porte à son trésor, et celui qu'une femme pure et dévouée éprouve pour son mari. »

Car « de même que l'aube rosée annonce le lever du soleil, une soif ardente de Dieu précède dans notre cœur la glorieuse vision divine ». Toute la science du Bhakti-Yoga se ramène donc à L'aimer et à goûter Sa douceur :

> « Il est la sève sucrée et l'adorateur est celui qui déguste. Il est le lotus et le dévot est l'abeille qui boit le nectar dans le lotus. »

Cette relation est d'ailleurs réciproque. Dieu accourt vers ses adorateurs, en même temps que ceux-ci accourent vers Lui. « De même que l'adorateur ne peut vivre sans Dieu de même Dieu ne peut se passer de Ses adorateurs. Alors, c'est le dévot qui devient la sève et c'est Dieu qui la déguste. Le dévot devient le lotus et Dieu devient l'abeille. Il devient doux pour goûter sa propre douceur ; telle est l'explication du divin jeu de Râma et de Krishna », disait Râmakrishna. Il nous faut comprendre en ce sens cette douzième strophe où saint Jean de la Croix fait parler l'Époux :

> *Reviens, ma colombe,*
> *Car le cerf blessé*
> *Apparaît sur le sommet de la colline,*
> *Attiré par l'air de ton vol qui le rafraîchit.*

L'Époux, ajoute le saint, est comparé au cerf, car le cerf revient toujours lorsqu'il entend gémir sa compagne. En entendant gémir l'âme, il est lui-même blessé d'amour. On constate ce fait entre ceux qui s'aiment : « La blessure de l'un est une blessure pour l'autre. » Si l'Épouse est blessée d'amour, l'Époux en revanche est, par cette blessure blessé d'amour pour elle. Il semble que Dieu désire s'embraser davantage au feu d'amour qui se dégage de sa Bien-Aimée. C'est que les désirs d'une âme appellent Ses désirs propres. C'est par un violent amour, disait Râmakrishna, que l'adorateur fait descendre Dieu jusqu'à Lui ; c'est lorsque l'enfant abandonne ses jeux et pleure en appelant sa mère que celle-ci ne peut plus rester longtemps éloignée.

L'on ne peut arriver à la *bhakti* tant qu'on n'a pas le sentiment de Le posséder déjà. Ce sentiment suffit à lui seul à rendre les plaisirs des sens insipides :

« Si vous avez un jour atteint l'adoration des pieds de lotus du Seigneur, si vous avez une fois éprouvé de la joie en chantant sa gloire, alors vous n'avez plus à soutenir de longues luttes pour dompter vos sens. Ils se soumettent d'eux-mêmes. » C'est pourquoi Râmakrishna pensait que le *bhakti-yoga* était le *dharma* qui convenait à notre âge de fer. La vraie dévotion, en effet, apporte avec elle le renoncement, la discrimination, l'amour de toutes les créatures et le service des saints. Bien plus, elle transforme cette existence en un véritable chant d'allégresse :

« Dès que l'homme acquiert l'amour de Dieu, chantait Râmprâsada, le monde est pour lui un séjour de joie. » Certes, la joie et la douleur resteront les compagnes inévitables de cette existence terrestre, fruits de notre *karma*, mais la gloire de la connaissance et de la dévotion n'abandonneront jamais le vrai adorateur de Dieu.

Comment arriver à cette dévotion parfaite ? En établissant des rapports plus intimes avec Dieu. Pour arriver à connaître une personne, il faut entretenir avec elle une certaine relation d'intimité. Lorsque deux personnes se connaissent à peine, un certain formalisme préside à leur entretien. Mais, comme le remarque Râmakrishna, dès qu'elles apprennent à se connaître, les formes cérémonieuses disparaissent et elles s'engagent dans des rapports de moins en moins extérieurs. Nous devons à tout prix établir ces relations intimes avec Dieu.

Quelles peuvent être ces relations ? La mystique indienne

en distingue cinq genres qu'elle désigne sous le nom de *bhâva* : *shânta* se produit lorsque l'âme humaine est attirée par la conscience universelle. Le moi s'anéantit sous l'invasion de *sat-chit-ânanda.* C'est un état de paix immuable, celui dans lequel vivaient les *Rishi* du temps passé. C'est le lit nuptial du *Cantique* où l'Époux se repose avec sa Bien-Aimée. L'âme, en possédant les vertus dans toutes leurs forces est dans une paix souveraine. C'est une paix pleine d'amour qui est la saveur de la vérité :

Comme la nuit tranquille
Lorsque commence le lever de l'aurore,
Comme la musique silencieuse,
Comme la solitude harmonieuse,
Comme le festin qui charme et remplit d'amour.

C'est le repos et la quiétude dans la lumière divine, la solitude dans l'esprit d'amour. Dans cet état d'extase, l'âme n'a plus aucune couleur d'affection sensuelle ou d'amour-propre ; rien n'est pour elle supérieur ou inférieur. Elle est plongée dans un abîme où il lui paraît entendre une harmonie incomparable qui surpasse tous les concerts et toutes les mélodies d'ici-bas. L'esprit de Dieu remplit toute la terre et l'âme est dans le rassasiement. Son Bien-Aimé est tout cela pour elle.

Dâsya est la relation qui s'établit entre le serviteur et le Maître qui est servi et aimé. La mère a quelquefois cette attitude et l'Épouse également. Saint Jean de la Croix n'insiste pas sur cette relation que l'on trouve très souvent exprimée dans l'Ancien Testament.

Sakhya est le *bhâva* qui existe entre des amis. C'est le genre d'amour que nourrissaient les petits bergers pour *Çrî Krishna* lorsqu'ils jouaient et causaient avec lui dans les bosquets de *Brindâvan.*

Vâtsalya-bhâva est l'amour de la mère qui donne toute sa vie à ses enfants. Le dévot peut adopter, vis-à-vis du Seigneur, cette attitude de mère nourricière. Le Seigneur lui apparaît alors comme un petit enfant.

Madhura est l'amour suave représenté dans notre mythologie indienne par *Râdhâ*, l'amante passionnée de *Krishna*. Cette attitude se retrouve tout le long de l'œuvre de saint Jean de la Croix. C'est d'abord la langueur d'amour qui détache l'âme de toutes les créatures et qui la rend insensible à tout ce qui n'est pas Dieu.

> « Cette infirmité, cette défaillance... est le premier degré qui mène à Dieu. Privée de goût pour les choses de ce monde, l'âme ne trouve ni appui, ni goût, ni consolation, ni repos en quoi que ce soit. »

> « Les larmes coulaient continuellement de mes yeux, disait Râmakrishna, nous parlant de cette première étape de la *sâdhanâ*. Le jour passait ainsi et quand les sons des cloches du soir annonçaient la fin de la journée, je devenais encore plus triste et commençais à pleurer : Voilà encore un jour de passé, Mère, et je ne T'ai pas vue ! Un autre jour de cette courte vie est passé en vain et je ne T'ai pas réalisée. »

> Ses plaintes attiraient les foules :
> « Lorsque je m'asseyais pour méditer, raconte-t-il, un rideau d'oubli me séparait du monde extérieur. J'étais complètement inconscient de ceux qui se réunissaient autour de moi pour assister au service. Il m'arrivait parfois de rester assis durant des heures, en répétant les *mantram*. J'assistais même au déroulement de phénomènes qui, aux yeux de certains, ne sont que les phantasmes de l'imagination ; par exemple, si je prononçais le *mantra* « rang », je voyais un cercle de feu se dérouler autour de moi, me protégeant contre toute mauvaise influence. »

Tant et si bien, dit saint Jean de la Croix, que l'âme ne cesse plus de chercher Dieu. Toute défaillante d'amour, elle s'en va par les places publiques, Le cherchant partout, dans tout ce qu'elle dit et ce qu'elle fait. Son unique souci est celui de Le trouver.

> « Je regardais la Mère, disait Râmakrishna, comme mon seul guide dans cette obscurité et cette confusion. La vision de sa forme divine devint ainsi mon unique passion. »

Et le jeune prêtre oubliait de terminer le culte tant il était absorbé dans sa recherche, ou courait dans la jungle, indifférent à tous les dangers pour se livrer à la méditation

Arrivée à ce degré, écrit saint Jean de la Croix, l'âme considère comme petites toutes les grandes choses qu'elle fait pour le Bien-Aimé ; le long temps qu'elle lui consacre lui paraît court « tant est ardent cet incendie d'amour dont elle est déjà embrasée ». Bien plus, elle se trouve même dans une désolation profonde à la vue du peu qu'elle fait pour Dieu ; sa vie lui semble une vie perdue. Il lui vient à l'idée qu'elle est la plus mauvaise de toutes les créatures : « O Mère, où es-Tu ? Révèle-Toi à moi. *Ramprâsad* T'a vue et il a obtenu Ta divine grâce. Suis-je une épave que Tu ne viennes pas à moi ? Plaisirs, richesses, amis, je ne veux rien de tout cela. Je veux simplement Te voir, ô Mère ! » Et les larmes coulaient abondamment des yeux de Râmakrishna tandis que son cœur se déchirait de ne pouvoir La réaliser.

Cette souffrance inconsolable est le quatrième degré d'amour de l'âme, d'après saint Jean de la Croix. C'est une souffrance « qui ne la fatigue jamais ». L'Épouse du Cantique en était là quand elle disait à l'Époux :

> « Mets-moi comme un sceau sur ton cœur, comme un sceau sur ton bras ; parce que l'amour est fort comme la mort. »

L'esprit acquiert ici tant de force, ajoute dans sa description saint Jean de la Croix, qu'il ne fait pas plus de cas de son corps qu'un arbre d'une de ses feuilles. C'est un degré très élevé. « L'âme est si embrasée d'amour qu'elle se porte constamment vers Dieu. »

L'homme ordinaire ne pourrait pas supporter une fraction de cette terrible ferveur ; son corps, disait Râmakrishna, serait réduit en cendres par le quart seulement de cette émotion. « ...Pendant six ans, mes yeux sont demeurés ouverts sans que je puisse dormir une seconde... Me tenant devant une glace, j'essayais de mettre mes doigts dans mes yeux pour essayer de les fermer... En vain. Horrifié, j'éclatais en sanglots : — Est-ce là le résultat de mes prières et de mon abandon à Toi ? Mais le moment suivant, je reprenais : — Qu'il en soit comme Tu voudras. Que ce corps s'en aille en pièces pourvu que Tu ne me quittes pas, Mère. Tu es mon seul refuge. »

C'est à cette époque que Râmakrishna rejeta son cordon sacré, insigne de la caste brahmanique à laquelle il appartenait ; car l'âme doit penser à Dieu, libre de tout lien, délivrée de toute attache.

> « Ne sais-tu pas, disait-il à Hriday qui lui en faisait la remontrance, que depuis notre naissance nous avons été liés par l'octuple lien de la haine, de la honte, de la famille, de la culture, de la crainte, de la réputation, de la caste et de l'égoïsme ? Ce cordon sacré signifie que je suis un brahmine, donc un homme supérieur aux autres. Lorsque j'appelle la Mère, je ne peux pas entretenir de pareilles idées. »

Une impatience extraordinaire succède à ce dépouillement. C'est le cinquième degré de cet escalier d'amour. L'amour qui anime l'Épouse à rechercher le Bien-Aimé est si ardent, écrit saint Jean de la Croix, « que tout retard si petit qu'il soit lui paraît très long, très pénible et très insupportable ». « Mon âme soupire et tombe en défaillance sur les parvis du Seigneur », disait le psalmiste. Si l'amante ne voyait pas ce qu'elle aime, elle mourrait. C'est une affamée, un « chien qui rôde autour de la cité de Dieu ».

> « Es-Tu vraie, Mère ? Ou tout cela n'est-il qu'une création de mon cerveau, une simple poésie sans aucune

> réalité ? Si Tu existes, pourquoi ne Te vois-je pas ? La religion est-elle pure fantaisie, simple château de cartes ? La vie s'envole en vain ; voici un jour de passé après un autre, perdu à jamais... Chacun d'eux me rapproche tellement de la mort ! Où est ma Mère ? Les Écritures disent qu'il n'y a qu'une chose à chercher et que cette chose est Dieu. Sans lui, la vie est insupportable, une moquerie. Dieu réalisé, la vie prend un sens, c'est un plaisir perpétuel, un véritable jardin de joie. A quoi me sert cette vie si je dois traîner une existence misérable, jour après l'autre, sans jamais atteindre l'éternelle source d'immortalité ? »

Des pensées de la sorte intensifiaient son désir et lui laissaient redoubler ses efforts.

A ce degré, l'âme se nourrit d'amour et s'en rassasie selon sa faim : c'est, remarque le saint, ce qui lui donne des forces pour monter plus loin. « Rien autre qu'elle n'existait. Je devais la chercher, disait Râmakrishna. J'en devenais fou. » La foi débordante qui le soutenait devait le faire réussir.

Il n'était plus question d'accomplir sérieusement une cérémonie.

> « Je m'asseyais devant l'image de la Mère et restais, comme une pierre, inconscient. Il m'arrivait de me conduire comme un dément et de pleurer comme un enfant. On me considérait comme mentalement dérangé. Mais cela ne me préoccupait pas. Toutes mes énergies étaient tournées vers la réalisation de ce but que je m'étais donné. Sans nourriture, dormant à peine, ma poitrine et mon visage étaient toujours empourprés par les vagues d'émotion. Une grande peur naissait en moi ; peut-être la réaliser n'est-il pas dans ma destinée ? A cette pensée, mon cœur était comme une serviette que l'on tordrait. La vie ne valait pas la peine d'être vécue. J'en arrivai enfin au point que je ne pouvais supporter plus avant la séparation. »

Un jour qu'il était dans cet état, ses yeux tombèrent sur la grande épée que l'on gardait accrochée au mur dans le temple :

> « Déterminé à donner une fin à mes jours, je sautai sur mes pieds comme un fou et m'en emparai. A ce moment précis, la *Mère* brusquement se révéla à moi, et je tombai inanimé sur le sol. »

« Préservée de toute iniquité, j'ai couru vers toi », dit le psalmiste. Et encore : « J'ai couru dans la voie de vos commandements lorsque vous avez dilaté mon cœur. » « Ceux qui espèrent en Dieu prendront de nouvelles forces ; et ils auront des ailes comme l'aigle. » Tel est le sixième degré d'amour.

Le septième n'en est que le prolongement. L'âme, animée d'une sainte audace, ne se sert pas de la délibération du jugement pour attendre, ni d'un conseil pour se retirer, car les faveurs dont Dieu l'a favorisée la portent à agir avec témérité. C'est ce que l'Apôtre voulait dire par ces mots : « La charité croit tout, espère tout, peut tout. » De telles âmes obtiennent de Dieu ce qu'il leur plaît de demander.

> « C'est arrivé à ce degré, continue le saint, que l'Épouse des Cantiques se permit de dire : — Donne-moi un baiser de ta bouche. »

Dans cette hardiesse et cette véhémence d'amour, gra vissant le huitième degré, l'âme est prise alors par le Bien-Aimé qui l'unit à lui de la façon dont l'Épouse des Cantiques chantait : « J'ai trouvé Celui qu'aiment mon âme et mon cœur, je le tiens et je ne le laisserai point s'en aller. »

> « Ce qui arriva après cela, dit Râmakrishna, je suis incapable de le dire, mais au-dedans de moi coulait un flot ininterrompu de joie inaltérée et je sentais la présence de la divine Mère ! »

A ce degré d'union, bien que le désir de l'âme soit satisfait, il ne l'est pas néanmoins d'une façon constante. Car si l'âme demeurait dans cet état, elle jouirait d'une espèce de gloire sur la terre. C'est pourquoi dès qu'elle arrive, elle doit s'en retirer.

> « Dès ce moment, je n'eus plus que le désir ardent de La revoir encore. Car la divine vision n'était pas continuelle. Ce n'était que dans la méditation et avec beaucoup d'effort qu'il m'arrivait parfois de l'apercevoir. »

Pour son cœur inquiet, ces défaillances ne pouvaient signifier qu'une chose, à savoir que la première vision n'était pas vraie.

Se pouvait-il bien que cette soif de Dieu n'ait pas imprégné son cœur tout entier ? Des pensées de la sorte lui faisaient redoubler ses prières : « Je m'en suis remis à Toi. Fais de moi Ta volonté. » L'image de Kâlî était regardée jusque-là comme une image de pierre, remplie il est vrai de conscience suprême, maintenant c'était la Mère Divine qui lui apparaissait. La séparation s'évanouissait entre eux. Dans cette intime communion, Râmakrishna oubliait toutes les formalités des Écritures. L'amour coulait en un flot ininterrompu de son cœur. La divine présence ne cessait d'être une réalité.

C'est ce degré dans l'échelle mystique que saint Jean de la Croix appelle le degré des parfaits, c'est-à-dire de ceux qui se consument d'amour pour Dieu. C'est l'esprit saint qui leur communique « cet amour plein de suavité et de délices », cet amour qui est la cause de leur union avec Dieu.

C'est aussi à ce degré que Râmakrishna appelait un état d'intoxication divine que celui-ci réalisa les différents *bhâvas* dont nous avons parlé tout à l'heure et qui sont les différentes relations possibles avec Dieu. Il faudrait un livre pour décrire alors ses expériences.

Celles-ci le conduisirent rapidement d'ailleurs au dixième degré de l'échelle mystique, celui où, d'après saint Jean de la Croix, l'âme s'assimile totalement à Dieu et jouit d'une manière immédiate de « sa vision claire ». Quand l'âme est arrivée à ce degré, ajoute le saint, « elle n'a plus qu'à quitter sa chair. » La purification est complète sur cette terre et « comme l'amour a opéré en elle une purification, elle ne s'en va plus dans le purgatoire par où les autres âmes doivent passer ». « Bienheureux ceux qui ont le cœur pur, car ils verront Dieu. »

« A cette époque de ma sâdhanâ, raconte *Çrî Râmakrishna*, j'essayai de penser selon les instructions des *shâstras* que le pécheur était brûlé en moi et que j'étais pur et parfait. Je commençais alors à sentir une sensation de brûlure sur mon corps tout entier. Un jour que je pratiquais dans le bosquet de Panchavati, je vis un homme à l'œil rouge et à la peau noire sortir de ce corps et courir de-ci de-là comme un homme enivré. Peu après, un autre homme sortit de nouveau, d'ocre vêtu, et portant un trident. Il attaqua le premier et le tua. Quelques jours après cette vision, je fus délivré de cette sensation de brûlure qui m'avait tourmenté pendant six mois. Qui peut se douter qu'en chacun de nous se tient cachée une personnification même du mal qui doit être exterminée ? »

Cette purification totale permet la claire vision divine. Il existe alors une similitude parfaite entre l'âme et Dieu. Pour exprimer cette idée, le saint reprend la parole de saint Jean : « Nous savons que nous serons semblables à Lui. » (III, 2.) Cette expression, ajoute le saint, ne veut pas dire que l'âme sera aussi puissante que Dieu, cela est impossible, mais qu'elle ressemblera en tout point à Dieu, « *aussi peut-on l'appeler et elle sera en réalité, Dieu par participation* ».

Une fois qu'elle a atteint ce dernier degré, celui de cette vision claire, il n'y a plus rien de caché pour l'âme, car elle est « totalement assimilée à Dieu. »

Cet état de dévotion suprême, nous l'appelons *mahâ-bhâva* : nous le trouvons pleinement manifesté en Râma-krishna. Tout dévot qui venait en contact avec lui voyait en lui la pleine manifestation de la puissance divine. Il vivait dans cet état de réalisation que saint Jean de la Croix n'appelle plus humain, mais divin. Il ne faisait plus qu'un avec l'Absolu.

En rapprochant des descriptions données par saint Jean de la Croix, les expériences de Râmakrishna qui paraissent en être autant d'illustrations, cette étude comparative nous permet de constater combien les degrés d'amour tels qu'ils sont exposés dans la Théologie mystique ressemblent aux expériences graduées du *Bhakti-Yoga*.

Les étapes franchies apparaissent les mêmes accomplies de part et d'autre par le même effort soutenu. Quant au but, ineffable pour notre intelligence, il est décrit de part et d'autre comme une « assimilation » en Dieu. C'est que, selon la parole même du théologien mystique, « l'amour est comme le feu, il s'élève toujours vers les hauteurs pour atteindre le centre de sa sphère. » Le bhakti-yoga, de part et d'autre qu'on le prenne, est donc bien un retour aux sources, une immersion dans l'Être Suprême qui est *satchitânanda*, existence, connaissance, félicité.

Parmi les chemins tracés par la *bhakti* pour réaliser cette action suprême, celui de saint Jean de la Croix est le plus difficile et le plus élevé. L'âme à qui Dieu se représente sous les couleurs du Bien-Aimé s'efforce d'établir avec lui des rapports d'amour de plus en plus libres et de plus en plus chargés de tendresse. Elle n'est intéressée ni par le fait de connaître, ni par celui de pouvoir ; une seule chose la tient et l'encourage à être : c'est de réaliser cet amour avec de plus en plus de douceur. L'intensité de ferveur avec laquelle elle y songe est comparable à celle que crée un amant plein de charme dans le cœur de sa bien-aimée. Elle ne connaît aucune retenue, aucune barrière.

Cet amour sans mesure, sans trêve ni repos, est décrit magnifiquement dans nos *Purânas*, et plus particulièrement dans l'épisode du berger Çrî Krishna et des bergères. Le *Bhâgavata-Purâna* est la mélodie éternelle d'une âme enchantée par Dieu. Comme l'Epouse du *Cantique Spirituel*, Srî Râmakrishna commença à éprouver un amour passionné pour la personne divine de Çrî Krishna. En peu de temps, il avait, par cette voie également, réalisé une dévotion sattvique, celle de *Çrî Râdhâ* à Brindaban et il s'était immergé dans le divin. C'est ainsi que *Çrî Râmakrishna* atteignit le point culminant de son ascension spirituelle. Il ne lui restait qu'à réaliser *l'advaïta*. L'agonie du cœur vécue au cours de si nombreuses veilles avait fait place enfin à la glorieuse réalisation du Seigneur. Tout son être était immergé dans la félicité suprême, celle qui vient de la réalisation de la Réalité Suprême. De lui l'on pouvait dire :

L'Epouse est entrée
Dans le jardin des délices désiré
Et joyeuse elle repose
Le cou penché
Sur les doux bras du Bien-Aimé.

« Ceux dont l'âme est grande, ô Partha, qui demeurent dans la nature divine, ceux-là Me connaissent comme l'Impérissable, origine de toutes les existences, et Me connaissant tel ils se tournent vers Moi d'un amour unique et entier. » (*Gîtâ*, IX, 13.)

« Celui qui m'offre avec dévotion une feuille, une fleur, un fruit, une coupe d'eau, cette offrande d'amour venue d'un cœur qui s'efforce m'est agréable. » (27)

« Emplis ton esprit de Moi, sois Mon amant et Mon adorateur, sacrifiant à Moi, te prosternant devant Moi ; ainsi uni à Moi dans le Moi, tu viendras à Moi, faisant de Moi ton but suprême. » (34).

Telle est la définition du Bhakti-Yoga donnée par le Bienheureux Seigneur dans la *Gîtâ*. Outre l'amour, quel est le résultat de ce *yoga* sans défaillance ? L'homme qui y parvient voit désormais toutes choses en *ânanda*. Il les voit dans leur rapport avec le principe divin à l'œuvre en chacune d'elle. Il voit les êtres jaillir, projetés hors de la félicité.

« Tous les êtres sont dans l'ânanda ; ils naissent de l'amour, sont soutenus dans l'amour et, à la fin de l'évolution, ils retournent dans l'amour. » (*Taitt. Upan.*)

C'est que l'ânanda, la félicité suprême, est Brahman. Cette félicité ne doit pas être confondue avec celle que l'homme expérimente dans un objet des sens. Celle-ci n'est qu'une infinitésimale partie de la félicité de Brahman ; elle est cette Félicité se manifestant par l'intermédiaire d'un objet terrestre. Du sein de cette perspective centrale qui comprend toutes les autres perspectives, il voit les êtres avancer dans des avenues différentes s'éloignant plus ou moins du centre de la réalité. Il les voit s'enfermer à l'intérieur de leur personne comme autant de masques qui cachent à leurs yeux leur propre individualité. Celui qui vit dans l'amour ne possède rien, mais il est au cœur de toutes choses.

« Désormais, il ne garde plus les troupeaux ; sa seule occupation est d'aimer. » Mais pour réaliser cet amour, une grande dévotion nous est demandée. Il est l'apanage des incarnations et des fils de Dieu. L'amour chez eux jaillit du plus profond d'eux-mêmes comme une source intarissable à laquelle nous pouvons tous venir nous abreuver. C'est un torrent de lait et de miel. L'Incarnation, tout en se mettant à notre place et en nous soulageant de notre *Karma*, nous apprend à voir les choses comme elle les voit. Elle nous infuse sa lumière. Etant au centre de toutes les perspectives, elle n'a pas de point de vue particulier. Par l'amour qu'elle nous communique, elle nous hausse à son niveau et nous devenons capables de faire abstraction de notre « moi » pour vivre en pleine générosité. L'amour tend à l'égalité entre celui qui aime et celui qui est aimé. Par l'amour qu'elle nous porte et que nous sommes amenés à lui porter, il se produit par degré en nous une participation à la nature divine. Nous apprenons à voir les choses dans une vision dépouillée.

> « Celui qui voit, ô Arjuna ! toutes choses dans l'égalité à l'image de moi, que ce soit chagrin ou bonheur, celui-là Je le tiens pour le yogin suprême », dit la *Gîtâ* (VI, 32).

Chaque homme dans sa vie doit arriver à réfléchir Dieu ; c'est alors que l'on peut parler de communion divine, quand le vase de notre personne est devenu un simple réceptacle de la force et de la lumière qui viennent d'en haut.

Dans le cœur du dévot cette évolution se réalise lorsque la mémoire des choses temporelles est progressivement remplacée par celle des choses de Dieu (smarana). L'action, quelle qu'elle soit, devient alors contemplative. Le dévot devient un instrument dans les mains de Dieu.

« Deviens seulement un instrument dans mes mains, ô Arjuna ! » (Nimitta mâtram bhâva savyasâchin, ô Arjuna), dit le Seigneur dans la *Gîtâ.* Dans chacun des mouvements de son corps mental et physique, le dévot ne voit plus que la volonté divine à l'œuvre dans la création. Cet état de conscience, identifié à celui de la force cosmique, est ce que nous appelons le chaitanya-samâdhi, la perte de soi dans la conscience totale. C'est cet état que réalisa Girish Chandra Ghosh, le grand disciple laïque de Srî Râmakrishna, dans les derniers jours de sa vie. Alors que des swâmi étaient allés le voir, lui qui était sur le point de mourir, et qu'ils lui demandaient ce qu'il avait réalisé, il répondit simplement :

> « Je ne suis plus moi. Dans le simple fait de lever mon petit doigt, je vois à l'œuvre la volonté divine. C'est elle qui dirige aussi toutes mes pensées. »

Pour atteindre cet état de *Chaitanya-Samâdhi,* le dévot passe par le stade du suprême abandon de soi-même. La moindre action du « moi », que ce soit la méditation discursive ou quelque autre mode de pratique spirituelle ne sera qu'une gêne sur le chemin, car dans tous ces exercices demeure une trace du « moi », à quelque degré de sublimation spirituelle que notre personnalité ait pu arriver. L'infusion de la grâce de Dieu n'est à l'œuvre que lorsque le dévot a atteint une complète passivité, par l'*âtma-samarpana*, pour utiliser un terme cher à Çrî Aurobindo. C'est un état de complète tranquillité, qui n'est pas la passivité de l'inertie, mais une divine passivité, l'expression d'une activité incandescente du divin à l'intérieur du soi de l'homme quand celui-ci ne présente plus la moindre obstruction à sa manifestation. C'est « l'action dans l'inaction » dont parle Çrî Krishna dans la *Bhagavad-Gîtâ* (ch. IV, 18). Alors, seulement, Dieu descend dans l'âme de l'homme et l'homme reçoit la suprême bénédiction de la contemplation infuse, selon les mots de saint Jean de la Croix.

L'histoire racontée dans notre Mythologie de Shiva quittant brusquement son épouse Pârvatî et sortant de la chambre et revenant un court instant après est une illustration de ce phénomène de la grâce. A la réponse de Pârvatî étonnée, Shiva répondit : « Un dévot qu'on était en train de battre m'a envoyé un cri d'appel. Mais quand je suis descendu, je l'ai trouvé en train de se défendre lui-même. Il peut donc bien se passer de moi ». Si nous donnons au Seigneur, pour utiliser le langage que Râmakrishna utilisa pour Girish, le pouvoir de procuration pour nous, nous devons avoir une pleine confiance dans la sagacité de Sa Volonté et dans l'expression de Sa Compassion. A ce stade, la Bhakti devient le *Bhakti-Yoga*. Dieu s'est uni à l'homme en attirant l'âme de l'homme dans Sa conscience divine.

5

Le yoga de saint Jean de la Croix

5

Le yoga de saint Jean de la Croix

I. LES SOURCES THÉOLOGIQUES DE LA FOI

Le terme *yoga*, appliqué aux mystiques chrétiens, risque d'être mal compris. Dans notre esprit, il évoque la tradition indienne de la vie spirituelle. Convient-il de parler de *yoga*, à propos des traités théologiques de saint Jean de la Croix et peut-on le faire sans tomber dans la confusion qu'entraîne inévitablement tout *mélange* de traditions ? Si, au terme « *yoga* » nous ne rattachons pas de notions théologiques indiennes, si nous nous bornons à donner à ce mot son sens étymologique, celui d'« union » (union de l'homme avec Dieu, avec le Principe Suprême), il est tout à fait légitime de parler de *yoga* à propos de la vie et des réalisations de n'importe quel mystique, à quelque partie du monde qu'il appartienne. Le fond culturel des expériences mystiques des saints varie avec les différents pays dont ils sont originaires. Les fois et les dogmes ont de multiples expressions. Pourtant on ne saurait nier qu'entre toutes les transformations de la vie humaine résultant d'expériences spirituelles, il y ait des points communs, bien que les sources théologiques de la foi soient différentes suivant les cas. Cependant je tiens à déclarer tout de suite, avant de poursuivre, que cette étude n'a pas pour but d'ébranler la conviction du chrétien attaché à ses dogmes propres et à sa foi en une seule révélation. Dans cette étude sur saint Jean de la Croix, je présente certaines réflexions provenant d'une confrontation de la théologie chrétienne avec la pensée et la culture hindoues : mais en la faisant, j'ai toujours eu clairement présent à l'esprit que je n'avais pas à concilier des choses inconciliables, ce qui ne m'a empêché d'être, en même temps, conscient de la possibilité qu'il y a de trouver dans la spiritualité de saint Jean de la Croix des affinités avec le mysticisme indien. Chez tous les saints, la sainteté se traduit par l'amour dans le domaine de nos relations sociales. Dans toutes les parties du monde, l'homme, au cours de cette réalisation d'amour, est le siège de changements psychologiques présentant des ressemblances qu'il n'est pas permis d'ignorer. Quelle que soit la diversité des nourritures spirituelles que l'homme absorbe, leur assimilation transforme la nature de celui-ci en celle de l'amour ; il ne peut donc y avoir de dissemblances quand on perçoit cet amour inséré dans la texture des relations humaines.

Si l'on veut comprendre le *yoga* de saint Jean de la Croix, il est impossible de faire abstraction de l'édifice de sa *foi* et ceci nous amène à nous engager dans la compréhension de certaines doctrines, telles qu'elles sont reçues selon la révélation chrétienne. L'attitude indienne à l'égard de toute théologie est une attitude de respect. Dans ses ouvrages célèbres (La Montée du Carmel, La Nuit Obscure, La Vive Flamme d'Amour et Le Cantique Spirituel) saint Jean de la Croix a donné des commentaires sur des notions de théologie chrétienne qui comptent au nombre des plus pénétrants qui aient été écrits. C'est une merveille de la pensée, de la précision, de la pénétration psychologique et de la beauté spirituelle que de voir la théologie chrétienne si étroitement alliée au code de la vie chrétienne, dans l'exposé de saint Jean de la Croix. C'est seulement avec l'optique particulière de la théologie chrétienne que nous pouvons suivre le saint dans son exposition doctrinale. Mais puisque cette étude est comparative, nous ne nous bornerons pas à suivre son unique voie scripturaire ; il nous arrivera souvent de changer de verres et d'observer avec nos propres lunettes. Ces changements alternés de point de vue, plutôt qu'une présentation unilatérale de notions doctrinales, nous permettront de le mieux comprendre.

La source de toute transformation spirituelle est la foi. La foi d'un chrétien est dans la révélation biblique. Pour un Hindou, elle est dans les *Vedas*. Les notions de Dieu, de l'âme et du salut sont différentes de part et d'autre et tenter, dans une étude comparative des deux révélations, d'établir des identités forcées, ne peut aboutir qu'à la rendre stérile. La révélation est la connaissance sacrée, révélée d'En-Haut, à des esprits incapables de pénétrer dans la région du surnaturel. Juger de la révélation d'après nos critères intellectuels est un acte qui va directement contre la foi. L'acte de la révélation est divin et il parle de choses qui sont au-delà des possibilités de compréhension et d'exploration du mental humain. *Çamkara* dit qu'en ce qui concerne la compréhension de faits dont aucune vérification n'est possible, tels que, par exemple, la nature de notre existence avant notre naissance et après la mort, les Écritures sont la seule autorité valable. Si l'Hindou accepte la possibilité d'autres révélations que la sienne propre, il lui faut trouver un moyen de réconcilier sa foi dans sa propre bible avec d'autres révélations dont les vérités sont en contradiction avec ses croyances. La voie d'approche de l'Hindou est alors d'adopter provisoirement la vision de l'autre, de voir comme il verrait, faisant abstraction momentanément de son adhésion personnelle à son propre code de doctrines. Cette discipline qui consiste à faire siens des points de vue différents rend l'Hindou capable de réaliser une vaste synthèse. Celle-ci n'est pas un syncrétisme stérile ni un éclectisme à bon marché, lequel consiste à emprunter à des Écritures différentes des éléments se complétant les uns les autres. Cependant, une civilisation et une culture qui ne sont pas habituées à cet esprit de synthèse ne sauraient en apprécier ni la valeur ni la portée.

La synthèse dont nous parlons est *sarvadharmasamanvaya*, la synthèse de tous les *dharmas* ; mais le contenu de ce mot échappera forcément à quiconque ne se référera pas à la vision et à la révélation des Rishis. Une telle personne n'y verra qu'un verbalisme sans signification. Il faut donc que nous ayons foi dans les grands Êtres. Jusqu'à ce que nous ayons développé en nous-même leur vision intégrale, tout ce que nous voyons et connaissons ne peut être qu'aspects partiels de la Vérité. La faculté de voir globalement et en profondeur ne vient qu'avec l'acquisition d'un centre de vision permettant d'ajuster entre elles des perspectives différentes. De même que dans la vision stéréoscopique, les deux images propres à chacun des deux yeux sont fondues en un foyer unique, de façon à nous donner le sens de la profondeur, de la troisième dimension ; de même, dans la vision des Rishis, il y a intégration de perspectives multiples. Celui qui réalise *Brahman* devient *Brahman* et, suivant la *Gîtâ*, *Brahman*, la Réalité Ultime, a une infinité d'aspects *viçvato-mukham*. Si le mot « totalité » (*sarva*) est employé, il faut comprendre qu'il ne signifie pas une totalisation à base numérique ; la Réalité dépasse, en effet, la notion de nombre. Il s'agit ici d'une vue synthétique de laquelle est exclue toute possibilité de retrancher quelque aspect : ce qui, pour l'ignorant, apparaît comme partie, le sage le voit comme le Tout. Les différentes religions nous donnent diverses échelles d'observation et diverses perspectives ; mais le *tattva* (la Vérité) qui est le centre de la vision du « Tout » est extra-religieux, il se situe au-delà de tous les *matas* (les opinions). L'expression d'une réalisation de *tattva* dépasse une vérité religieuse : c'est une vérité métaphysique. Celui qui a réalisé cette vérité, ne voit plus d'opposition entre les différentes théologies, avec les fois qui se fondent sur elles et la Vérité, harmonisant toutes les croyances basées sur la vision de la Totalité. Demeurer dans l'ombre d'une seule perspective religieuse, à l'exclusion des autres, ne saurait donner, selon le *vedânta*, cette vision de *tattva* qui est extra-religieuse. Mais insister sur la possibilité d'une vérité extra-religieuse, à l'égard de ceux qui ne donnent leur adhésion qu'aux vérités religieuses, c'est faire violence à leur foi. Le seul fait d'admettre la notion d'une telle vérité constituera, à leurs yeux, un blasphème. C'est pourquoi, lorsque nous étudions une foi, telle que celle à laquelle adhère saint Jean de la Croix, nous devons faire abstraction de cette vision totale, du sommet de laquelle toutes les religions apparaissent comme des sentiers divers amenant au même but. Dans la foi chrétienne, l'intrusion de toute perspective autre que celle qui est strictement autorisée par la révélation, serait une erreur, ne pouvant aboutir qu'à l'hérésie et à la confusion. Il est donc nécessaire, en étudiant saint Jean de la Croix, de rester dans l'axe de sa propre perspective. C'est uniquement de cette façon que nous aurons accès à la théologie à laquelle il adhère. Une des plus grandes difficultés qui s'opposent à la compréhension mutuelle du chrétien et de l'Hindou, concerne le contenu du mot « vérité ». Quand le chrétien affirme qu'il possède la Vérité, il entend ce terme dans son sens religieux. Si un Hindou emploie ce même mot de « Vérité » dans une discussion, il lui donne une valeur extra-religieuse.

Pour saint Jean de la Croix, Jésus-Christ est l'unique Sauveur ; aucune union avec Dieu n'est possible si cette foi n'est pas acceptée. Le chrétien accepte comme un article de foi la théologie de l'Ancien Testament avec la création du monde, la nature du péché, la promesse de la venue du Sauveur et son sacrifice sur la Croix, comme l'unique solution du problème du salut. En acceptant ces prémisses fondamentales, nous pouvons comprendre saint Jean de la Croix, quand, se conformant à une ligne de foi qui n'est pas la nôtre, il proclame que Jésus est le Fils Unique de Dieu. Les Prophètes de l'Ancien Testament ont conversé avec Dieu et ils se sont unis à Lui. Par ce dialogue entre l'homme et Dieu, certaines vérités ont été révélées. Saint Jean de la Croix en parle dans la Montée du Carmel :

> « Dans les temps anciens, il était nécessaire de demander à Dieu les choses relatives à la foi et celles-ci étaient révélées conformément à ces supplications. Avec Jésus-Christ qui est le VERBE, sous sa forme complète, Dieu nous a donné toutes choses. Il n'a plus rien à nous donner : « Depuis la venue du Christ, Dieu est devenu, pour ainsi dire, muet ; il n'a plus rien à nous dire, puisque tout ce qu'Il avait dit, partiellement, par les Prophètes, Il l'a dit en LUI, tout à la fois ; en LUI qui est Son Fils, Il nous a TOUT donné ; (ch. XXII). « Tout ce que Dieu a dit à nos pères par les anciens Prophètes, par des voies multiples et de diverses façons, Il l'a dit enfin, dans ces derniers temps, une fois pour toutes, dans Son Fils. Dans

ce Fils de Dieu, sont contenus tous les trésors de la sagesse et de la connaissance de Dieu ». « Il est toute ma vision et toutes mes révélations. » »

L'Hindou est accoutumé à vénérer un grand nombre d'Incarnations ; une telle notion n'a pas place dans la théologie chrétienne. Comme s'il anticipait sur la position prise par ceux qui croient en diverses Incarnations, saint Jean de la Croix a écrit les lignes suivantes, où il prête la parole à Dieu :

> « Quiconque chercherait à s'informer sur Moi de cette manière et désirerait que Je lui parle ou que Je lui fasse quelque révélation, agirait, en quelque sorte, comme s'il Me redemandait le Christ. Ce serait comme s'il exigeait plus de foi qu'il n'en a été donné dans le Christ ; c'est pourquoi il commettrait une grave offense envers Mon Fils bien-aimé. En effet, non seulement il manquerait de foi, mais il l'obligerait avant tout à revenir s'incarner, vivre et mourir à nouveau. »

La venue du Christ a eu un but défini : racheter l'homme du péché. L'humanité souffre du péché originel, la nature humaine a été polluée à un moment donné de l'histoire lorsqu'Adam et Ève désobéirent à l'ordre de Dieu. Ce péché a vicié le sang de l'humanité et aucune puissance humaine ne pourra jamais l'effacer. Dans les Écritures, la promesse est donnée que Dieu s'incarnera comme homme et seul son sacrifice sur la Croix sauvera l'humanité. Jésus-Christ, le Fils de Dieu, a accompli cette promesse et ainsi fut montrée la voie qui établit la nouvelle alliance entre Dieu et l'homme. La fécondité de ce sacrifice, fait une fois pour tous les temps, est le fondement de la foi dans la libération du péché, pour toutes les générations humaines successives. Souhaiter une autre incarnation, c'est donc douter du sacrifice de Jésus. Jésus est venu pour accomplir la promesse des Écritures. Chaque détail de sa vie se déroule suivant un plan préétabli et Lui-même se réfère aux prophéties de l'Ancien Testament toutes les fois qu'Il entre dans une phase nouvelle de sa vie.

La Croix est la voie du salut. Douter du sacrifice de Jésus, c'est vouloir qu'Il s'incarne une seconde fois pour repasser par toutes les souffrances, qu'il a déjà endurées. S'il revient encore, il devra répéter sa vie et traverser à nouveau les épreuves déjà subies. Si cette position de l'Ancien Testament, concernant le péché et la rémission du péché par le sang du Fils de Dieu n'est pas respectée, c'est du fondement même de la théologie chrétienne que l'on doute ; on manque de foi. Si un Hindou discute avec un chrétien en soutenant la possibilité d'Incarnations multiples, c'est qu'il n'est pas conscient de l'importance du péché originel. Insister pour qu'un chrétien abandonne son idée théologique de la chute de l'homme, c'est manquer de respect envers ses croyances. Il faut nous souvenir ici que saint Jean de la Croix, en véritable chrétien, adhère, de par sa foi, à l'intégralité de la position de l'Ancien Testament. Or, dans la théologie judaïque la notion de temps est statique : le temps a été créé ; il devra s'arrêter. A l'intérieur de cette staticité, le processus de l'histoire est dynamique. Il n'y a qu'une chance pour l'homme d'accomplir sa destinée. L'homme est né dans le péché et Celui qui lui donne la rédemption du péché, c'est le Fils de Dieu, Jésus-Christ. Je suis reconnaissant au grand théologien russe, le professeur Nicolas Berdiaeff, de m'avoir expliqué, au cours d'un entretien, comment la notion de temps, telle qu'elle est conçue dans la théologie judaïque, est la clef qui permet de saisir la différence existant entre les points de vue chrétien et hindou. A l'opposé du point de vue judaïque, dans la philosophie hindoue, le temps n'est pas statique, mais dynamique.

Un chrétien qui prend en considération la notion indienne du temps peut être à même de comprendre pourquoi les Hindous parlent de multiples Incarnations ; pour cela, le chrétien doit faire abstraction de sa position judaïque et placer le problème dans la perspective de la philosophie et de la théologie hindoues. Le temps est *mâyâ*. *Mâyâ* n'est pas l'illusion, elle est l'aspect cinétique de la Réalité. *Çri Krichna* dit dans la *Gîtâ* : « Je suis le TEMPS. » Il n'y a ni création du temps, ni fin du temps, parce que la Réalité ne cesse jamais d'exister. La Réalité est existence (*sat*) et, puisque le temps est un avec la Réalité, il y a manifestation du temps et non-manifestation du temps. Le temps est *shakti*, il est l'Énergie cosmique et celle-ci possède des formes d'expression multiples. En *mâyâ*, avec laquelle il est identifié, le temps fonctionne dans une infinité de champs de conscience. Sur le plan humain, quand la conscience incarnée dans un corps cesse de fonctionner, du fait de la mort, la personnalité n'a pas achevé son histoire sur la terre ; elle doit assumer d'innombrables réincarnations dans la forme humaine, jusqu'à ce que tous les *karmas* aient été épuisés. De même qu'il existe un mouvement ascensionnel de la conscience, s'exprimant en des formes dont la diversité va du ver de terre à l'homme hautement développé ; de même il y a dans la nature, c'est-à-dire en *mâyâ*, un mouvement complémentaire descendant par lequel le Divin prend la forme humaine, sans les entraves du *karma*, et possède ainsi le pouvoir de libérer les êtres qui sont encore enchaînés par le *karma*. Cette descente de Dieu est l'avènement de l'Incarnation. Comme le Temps, avec lequel le Seigneur est identifié, est dynamique et doué de multiples expressions, il n'y a pas, pour le Divin, de raison d'être limité dans sa possibilité de se révéler en des périodes différentes de l'histoire. Le but de la Divine Incarnation n'est pas, comme dans la théologie chrétienne, d'effacer un péché originel contracté en une occasion historique.

La notion hindoue du péché est différente. Le mot « péché » apparaît fréquemment dans la *Gîtâ* et les autres Écritures sacrées ; mais nulle part, dans la théologie hindoue il n'y a de référence au fait que le péché est entré dans l'homme comme une force extérieure, le jour où ce dernier a désobéi à Dieu. Cependant l'idée que Dieu a pris la forme humaine pour enlever le péché est commune aux deux traditions. Le péché est une déviation hors de la voie du *dharma*, sur le plan de la conduite et de la moralité. La désobéissance est une erreur morale ; mais en elle-même l'erreur est une interprétation obtuse de la vérité. Il n'y a pas de quantité statique qui s'appelle l'erreur.

Dans la vie empirique tout est relatif et la vérité est perçue selon différents points d'observation hiérarchisés. Chaque expérience de la vérité empirique est une expérience du Réel (*Brahman*) dans sa Totalité. *Çamkara* dit que notre expérience de l'univers est une perception constante de *Brahman*. Jamais *Brahman* n'est expérimenté fragmentairement parce qu'il est *a-vibhakta*, indivisible. Mais dans l'expérience empirique, quand l'expérience du Réel d'un plan est contredite par celle d'un autre plan, du point de vue de l'affirmation du plan supérieur, le plan inférieur apparaît comme une erreur.

Il y a ainsi plusieurs degrés de vérité sur le plan empirique (*vyâvahârika*). Quand le *sâdhaka*, l'aspirant à la vie spirituelle, ne percevra plus aucune contradiction dans ses expériences, alors la Vérité Suprême (*pâramârthika satta*) devient un terme interchangeable avec le Réel. La Vérité est alors une intuition : Elle est la conscience de *turîya*, « l'éternel EST ». Les ombres de l'erreur s'étendent ou se résorbent en fonction de cette lumière rétractée qu'est la vérité empirique, dont l'ombre est l'ignorance relative.

Pour le chrétien, la rédemption du péché est la voie qui conduit à la libération ; pour l'Hindou, c'est la libération de l'ignorance qui est l'objectif de sa quête spirituelle. Dans la théologie chrétienne, le mot « péché » est constamment répété ; dans le langage indien c'est le terme « ignorance » qui revient toujours comme désignant la barrière qui sépare l'homme de son immortel héritage : la connaissance de l'*Atman*. Dans la théologie chrétienne, il n'y a qu'une voie permettant à l'homme d'être racheté du péché ; pour la pensée hindoue, il existe de nombreuses routes aboutissant à la destruction de l'ignorance. La route qui nous est offerte par la venue de l'Incarnation n'est que l'*une* de ces voies. Il existe des systèmes de pensée, tels que l'*advaita vedânta* où l'aspirant à la spiritualité n'a pas besoin d'accepter la théologie du *saguna Brahman* dans laquelle le thème de l'*avatara* joue le rôle le plus important, en tant que sauveur de l'homme. Ce n'est pas tant la désobéissance à l'autorité spirituelle que l'ignorance de cette autorité qui est la cause de la déviation hors de la voie du *dharma*. La promesse des Écritures indiennes est que le Divin prendra la forme humaine pour rétablir l'échelle des valeurs spirituelles. Le Divin accomplit Sa mission, non point en la centrant sur un seul événement de Sa vie, tels que Sa Passion ou Sa Résurrection, comme dans le cas de Jésus-Christ, mais en infusant dans un monde décadent une masse de pouvoir spirituel qui rayonne sur tous les êtres bénis pour le recevoir et qui élève la conscience spirituelle de chacun selon ses possibilités. L'Incarnation est un homme idéal, un « *çrestha* », c'est lui qui dessine le modèle à suivre pour l'humanité. Cette mission de l'Incarnation commence dès le début de sa carrière terrestre ; il n'en est pas ici comme dans la vie du Christ où Son pouvoir de libérer l'homme du péché ne lui advint qu'après avoir accompli la promesse des Écritures, c'est-à-dire quand la Croix fut devenue la voie du salut. De Bethléem au Calvaire, il y a eu une préparation. Les disciples de Jésus et ceux qui le suivaient furent, dès le moment où il commença sa prédication, préparés à l'événement suprême de sa vie : son immolation sur la Croix. Le Fils de Dieu est devenu le Sauveur de l'humanité à partir du moment de la crucifixion : c'est cette foi qui sauve. Saint Paul dit :

> « Si un ange du ciel vous prêchait un autre évangile que celui que nous vous avons annoncé, qu'il soit maudit et excommunié. » Après avoir cité ce passage, saint Jean de la Croix ajoute : « Donc, puisqu'il est vrai que nous devons toujours être guidés par ce que le Christ nous a enseigné et que tout le reste n'est que néant et ne doit pas être cru, à moins que ce ne soit en conformité avec cet enseignement... »

Ce que nous considérons comme *l'intransigeance de la foi chrétienne* n'est donc que *la nécessité pour un chrétien d'obéir à sa foi* et de *la mettre en pratique*. Si un chrétien, appartenant à l'Église, commence à croire en de multiples Incarnations, il retire le Christ de son cadre historique et il édifie sur Lui une nouvelle théologie qui est le résultat d'un *mélange* de traditions.

Mais quand l'Hindou incorpore Jésus-Christ dans la notion qu'il a des Incarnations multiples, il ne fait en cela aucune violence à ses traditions. Nous ne sommes pas partisan du mélange des traditions. Dans notre premier article « Pensée Indienne et Spiritualité Carmélitaine », nous avons déjà attiré l'attention sur le fait que *Râmakrichna* a eu une expérience du Christ ; mais nous ne disons pas qu'il a eu une expérience chrétienne. Pour avoir une expérience chrétienne, suivant la tradition de l'Église Catholique, il faut accepter comme articles de foi les dogmes et le credo de l'Église. Expier le péché par participation à la Passion du Christ, c'est s'unir à Dieu. L'homme a violé sa promesse, c'est pourquoi une nouvelle alliance a été établie par Jésus-Christ. Personne ne peut donc communier avec Dieu, si ce n'est par Jésus-Christ qui, seul, a le pouvoir de réintroduire l'homme auprès de Dieu. Saint Jean l'Évangéliste est formel sur ce point. La notion d'un tel Dieu est la notion biblique ; mais *Çrî Râmakrichna* a eu l'expérience védique de la divinité, laquelle est totalement différente de l'expérience judaïque. Il n'a pas cherché à s'unir au Dieu judaïque. *Il connaissait déjà l'expérience de Dieu* qu'il avait menée à son terme en suivant la voie parcourue par les mystiques hindous, depuis des temps immémoriaux. D'après saint Jean de la Croix, le plus haut état à la réalisation duquel un homme puisse aspirer sur cette terre est l'état d'union, connu en langage mystique sous le nom de « mariage spirituel » ; c'est l'état atteint par saint Paul quand il a dit : « Je vis, non pas moi, mais c'est le Christ qui vit en moi. » Écoutons maintenant saint Jean de la Croix :

> « En raison de cette transformation de similitude, nous pouvons dire que sa vie (celle de saint Paul) et la vie du Christ furent une, par l'union d'amour, laquelle sera parfaitement accomplie au ciel dans la vie divine, chez tous ceux qui auront mérité d'être en Dieu. » Le mariage spirituel peut avoir lieu en cette vie, comme dans le cas de saint Paul ; mais « *non pas* (comme le dit saint Jean) *d'une manière parfaite et complète*. Ce mariage spirituel est l'état le plus parfait qui puisse être atteint en

cette vie, car tout ne peut être appelé qu'une ébauche d'amour, si on le compare avec la parfaite image de la transformation dans la gloire. » (Cantique Spirituel, commentaire sur la strophe XI.)

Dans la Montée du Carmel (ch. IV, livre 2), nous trouvons encore la même idée, clairement indiquée :

« Nous verrons que nous n'avons pas, que nous ne pouvons pas avoir d'union permanente dans nos facultés (*dans nos puissances*), nous ne pouvons avoir qu'une union transitoire. »

L'union complète n'est possible que dans le ciel, dans le corps spirituel, glorifié. Ceci correspond à la notion de « *videha-mukti* » dans la pensée indienne, la libération qui vient après la mort du corps. Mais différente est la théorie de « *jivan-mukti* », la libération qui ne peut s'atteindre que pendant notre vie sur cette terre. D'après la théologie chrétienne, aucun homme n'est exempt de la possibilité de pécher, tant que le corps vit ; c'est pourquoi il n'y a pas de grande âme, si sainte soit-elle, qui puisse être canonisée durant sa vie. Au contraire, suivant la théorie hindoue, il est possible, même pendant cette vie sur terre, d'acquérir la libération de toutes les impuretés provenant des impulsions charnelles. L'union parfaite avec Dieu qui, selon les chrétiens n'est possible qu'au ciel l'est déjà ici-bas, suivant les Hindous. Nous n'avons pas cette notion du péché originel qui condamne, *en soi*, le corps matériel comme souillé à tout jamais. Ce corps, même purifié par le moyen de rituels et de cérémonies, court toujours le risque de devenir, à un moment quelconque, la proie de Satan.

Râmakrichna a eu une expérience du Christ, longtemps après avoir réalisé Dieu. Dans le christianisme, le fidèle prend refuge en Jésus-Christ pour atteindre l'union avec Dieu. Les Écritures chrétiennes insistent sur ce point que personne ne peut arriver à Dieu, si ce n'est par Jésus-Christ, mais je ne crois pas qu'il soit dit, nulle part, qu'il est impossible à des personnes n'ayant pas reçu le baptême chrétien d'avoir un contact avec le Christ. Paul, quand il eut une vision du Christ eut une expérience du Christ, or il n'était pas encore baptisé : l'expérience du Christ est venue la première. Devenu chrétien, saint Paul incorpora son acceptation de Jésus dans le cadre de la théologie judaïque, la seule dont il eut connaissance. C'est dans le fond de cette théologie qu'il trouva les éléments de sa civilisation et de sa culture propres, lui permettant de traduire son acceptation de Jésus, dans la forme où tout son enseignement proclame le message du Christ. *Râmakrischna* eut une expérience du Christ et, dans le riche fondement de sa civilisation et de sa culture, il y avait place pour l'acceptation d'Incarnations multiples. *Râmakrishna* n'a pas adhéré à la théorie chrétienne, selon laquelle il ne peut y avoir qu'une seule Incarnation ; pour lui, il n'existait aucune obligation théologique d'admettre le thème du salut, tel qu'il est énoncé dans les Écritures chrétiennes. Il avait, en effet, éprouvé la Conscience Divine avant que l'expérience du Christ ne lui fût advenue. Comme je l'ai déjà dit, pour l'Hindou, l'Incarnation est Dieu Lui-même et non pas, seulement, le Fils de Dieu. Dans les Écritures hindoues, nulle part l'Incarnation n'est désignée comme le Fils de Dieu et l'on n'y trouve pas non plus d'affirmation telle que celle de Jésus : « Mon Père et Moi ne sommes qu'Un. »

La théorie des Incarnations multiples n'est pas seulement une théorie, elle est aussi un fait intimement lié à cet autre fait que sont les possibilités offertes à l'âme d'épuiser son *karma*, au cours d'existences multiples. L'Incarnation prend sur elle le *karma* des disciples ; mais il n'y a pas de dogme en vertu duquel l'Incarnation devrait souffrir pour effectuer cette rédemption, offerte par elle aux âmes souffrantes. Et pourtant, cette notion de l'expiation par procuration n'est pas étrangère à la pensée indienne. Dans le cas de *Râmakrichna*, nous savons qu'il a souffert à cause du *transfert*, accepté par Lui, des péchés de ses disciples. Il a pris sur lui l'expiation de leurs fautes. Un jour, *Swâmi Vivekânanda* fit cette remarque : « Comment le Maître peut-il souffrir, puisqu'Il est une Incarnation de la Mère Divine ? » *Râmakrichna* entendit cette réflexion et, après avoir prié la Mère Divine, Il eut la vision suivante : il vit en face de lui un autre *Râmakrichna*, tout baigné de lumière céleste et plein de santé et de vigueur ; à ses pieds, un long cortège de disciples ; un par un, il les toucha tous, au fur et à mesure qu'ils arrivaient et se prosternaient devant lui. L'un après l'autre, il les vit, délivrés de leurs péchés, atteindre l'illumination parfaite. En même temps s'effectuait dans son corps de lumière le transfert du *karma* de ses disciples, se traduisant par l'apparition d'ulcères sous la forme subtile. Cette éruption se rassembla ensuite dans sa gorge et provoqua la maladie visible dont il souffrait. C'est ainsi qu'il connut que sa maladie n'était pas due à son propre *karma*, mais à son acceptation du *karma* des disciples. *Çrî Narayana Bhatta* du Malabar, un grand saint et philosophe de l'Inde du sud, qui vivait au XVIe siècle, transféra sur lui-même la lèpre dont son *guru* souffrait. Il composa alors en sanskrit son ouvrage fameux « *narayaneeyam* » qui est un résumé du *Srimad Bhagavad*, et, au moment où il achevait son œuvre, il fut guéri. On peut trouver dans la tradition indienne bien d'autres exemples d'expiation par procuration. Puisqu'il s'agit d'un fait universel, se rencontrant dans la vie des mystiques, dans toutes les parties du monde, ce n'est donc pas le christianisme qui a introduit la notion d'expiation par procuration et Jésus-Christ a exprimé dans sa vie une des lois de la transformation spirituelle des disciples, celle de l'expiation de leurs fautes dans la personne du *guru*.

Çrî Krichna est mort des suites de la blessure d'une flèche ; mais cette mort n'est pas l'événement central de sa vie. Notre théorie du salut n'est pas bâtie, en effet, sur la façon dont l'Incarnation meurt. Pour comprendre la notion hindoue de l'Incarnation, il importe que nous ayons présents à l'esprit les principes fondamentaux de la perspective philosophique indienne ; or celle-ci est totalement différente du point de vue chrétien. Pour le chrétien, l'homme est le centre de l'univers créé, c'est un point de vue anthropocentrique. La notion indienne, par contre, est cosmocentrique. L'Incarnation résout le problème de l'attitude personnelle et de l'attitude impersonnelle à l'égard de la vie. L'Incarnation vit en *bhâva-mukha*, sur le seuil du relatif et de l'absolu. Elle est la Réalité, simultanément *nitya* (l'Éternel) et *lita* (le relatif). Dans la *Gîtâ*, *Çrî Krichna* donne à *Arjuna* des instructions en vue de méditer sur son aspect cosmique. Dans le *Srimad Bhagavad*, il y a une description détaillée des méthodes permettant d'identifier la forme de *Çrî Krichna* avec ce symbolisme cosmique ; les différentes parties du Corps Divin sont alors identifiées avec les différents quartiers du cosmos. L'Incarnation est l'Infini védântique, Un avec *Içvara*, *Hiranyagarbha et Virat* (Dieu sous les aspects de Cause primordiale de l'univers, Conscience cosmique et Univers concret). L'impersonnel n'est pas une négation du personnel ; c'est voir *dans le personnel*, la Personne Divine, cette vision qui est décrite dans la *Gîtâ*, par ces mots : « *Vasudeva sarvamiti* », c'est connaître que toute chose est *Vasudeva*, le Seigneur ; y arriver, c'est atteindre ce qui est connu dans l'expérience mystique sous le nom de *Mahâbhâva*. Cette expérience peut se présenter comme une vision du Seigneur apparaissant en toute chose sous l'aspect de l'« Idéal choisi », tel que les *gopis* Le virent ; ou bien, comme une vision en Lui de la totalité du cosmos, comme *Yaçoda* l'aperçut dans la bouche de l'enfant *Krichna*, ou encore comme *Arjuna* la contempla sous la forme cosmique de *virat-rupa* décrite dans le onzième chapitre de la *Gîtâ*.

Après qu'ont été franchies les limites du point de vue personnel qui est déterminé par ce que nous appelons le *purusa tantra* (l'approche individuelle), la Réalité se présente sous l'aspect de *vastu tantra* (la Réalité telle qu'elle est) ; elle n'est plus alors souillée par le *samkalpa* et le *vikalpa* (les imaginations) du point de vue personnel. Cette Réalité, telle qu'elle est sentie et expérimentée par les mystiques, peut être avec forme ou sans forme. L'expérience de l'impersonnel ne se borne pas à la réalisation du sans-forme. L'impersonnel tel que l'ont expérimenté *Arjuna* et *Yaçoda* avait la forme cosmique. La même Réalité est aussi expérimentée par les mystiques, comme sans forme. L'impersonnel, en tant qu'informel, est réalisé dans l'expérience d'union avec la Conscience cosmique (*hiranyagarbha yoga*). Selon la théologie chrétienne, l'expérience de l'informel, dans la vie des mystiques, est considérée comme l'expression de l'aspect transcendant de la Réalité. Dans les traditions dualistes de, l'Inde, des parallèles aux notions chrétiennes de transcendance et d'immanence peuvent être trouvés ; mais, suivant l'*advaita vedânta* et dans l'expérience spirituelle qui lui est associée, la transcendance n'appartient pas à la Réalité. Celle-ci ne subit aucune modification (*vikara*), aucun prédicat ne peut lui être attribué et la définir serait la limiter. Si l'on dit que la Réalité est *sat* (Existence) *cit* (Connaissance) et *ânanda* (Félicité) ou encore : *asti* (Être), *bhâti* (Lumière) et *priyâ* (Amour), l'implication védântique de ces termes est que la Réalité n'est pas *asat* (non-existence), qu'elle n'est pas *acit* (absence de lumière) non plus que *nirânanda* (dépourvue de félicité), *Çamkara* a répété maintes fois que le but des *upanisads* est de nous enseigner que tout conceptualisme touchant *Brahman*, nous conduit à l'erreur. Ainsi, dire que la suprême Réalité est transcendante c'est, en un sens, La limiter. La Réalité demeure autorévélée quand l'ignorance s'en va. Si la notion de transcendance peut trouver une application et être utilisée, en un certain sens, ce n'est qu'au niveau de la vision colorée par l'*avidyâ* de l'aspirant à la Vérité. C'est cette vision qui change, mais la Réalité demeure telle qu'elle EST.

Dans la pensée indienne nous distinguons deux perspectives : l'une est la vision de l'univers tel qu'il est pour le Seigneur ; elle est exprimée, sous une forme concise, dans le 10e chapitre de la *Gîtâ*. L'autre est la vision du disciple. Parmi les différentes manières qu'a l'aspirant à la vie spirituelle d'expérimenter la Réalité, nous pouvons noter trois modes principaux, décrits dans ces paroles d'*Hanuman* :

> « Quand je suis conscient de mon corps, ô Seigneur, je suis Ton serviteur ; si je sens que je suis une créature pensante, je suis une partie de Toi ; mais si je réalise que je suis *âtman*, il n'y a plus de différence entre Toi et moi. »

Un Hindou qui lit la Sainte Bible, aura le désir de retrouver ces trois approches dans les Écritures chrétiennes et il s'efforcera de découvrir dans les paroles de Jésus une formulation des idées qui lui sont familières. Mais la satisfaction n'est pas une preuve de la vérité et, quand nous abordons les Écritures chrétiennes, nous devons pénétrer au cœur même de cette tradition pour constater si les notions hindoues peuvent y conserver leur validité. L'erreur initiale, commise par les Hindous, en s'attachant à ces identifications forcées est d'attribuer à Jésus la vision des aspirants. Jésus-Christ est un avec Dieu. Il n'appartient pas à la catégorie des disciples. Ses paroles ont l'autorité divine, Sa vision est celle de Dieu. Il n'est pas un simple *yogi*, il est davantage ou, si ce terme de yogi peut lui être appliqué, c'est dans le sens où nous l'entendons quand nous disons que *Çrî Krichna* est un *yogi*. Le mot « *yogi* », tel qu'il est généralement employé, s'applique à celui qui est un *sâdhaka* (c'est-à-dire un aspirant pratiquant les exercices spirituels) ou bien encore, à un *siddha* (celui qui a atteint à la perfection du *yoga*). Vouloir lire dans ces paroles du Christ : « Moi et mon Père nous sommes Un » ou bien : « Je suis la vraie Vigne et mon Père est le Vigneron », un sens s'approchant de l'*advaita* ou du *viçistâdvaita*, établissant ainsi des identités, c'est faire violence à la théologie chrétienne. L'approche cosmique et la notion de la relativité, sous-jacente à la théorie de *mâyâ*, ne sont pas des caractéristiques de la théologie chrétienne. Pour un chrétien, le 10e chapitre de la *Gîtâ*, tout entier qui, comme je l'ai dit, décrit la vision de l'univers tel qu'il est vu par le Seigneur, sera considéré comme du panthéisme, c'est-à-dire une des plus grandes hérésies, condamnée depuis des siècles, par l'Église.

Bien que, dans l'Inde, nous acceptions de multiples Incarnations, nous considérons néanmoins la personnalité de toutes les Incarnations comme une PERSONNE UNIQUE. Dans le quatrième chapitre de la *Gîtâ*, ce point est très clairement exposé : *Çrî Krichna* dit qu'il se rappelle toutes ses incarnations passées. Dans notre vie humaine ordinaire, l'unité de notre caractère résulte du fait qu'un solide centre psychique est édifié en nous grâce à la mémoire. S'il y a perte ou troubles de la mémoire, le lien entre le passé et le présent n'existe plus. Par contre, si le fil du souvenir n'est pas tranché, il y a continuité dans la personnalité. *Çri Krichna* avait cette continuité de mémoire quand il s'identifiait lui-même avec des incarnations passées. *Râmakrichna* également, quand Il s'est identifié avec *Râma* et *Krichna*. Par la vertu unifiante de la mémoire, l'identité de l'Incarnation, en tant que Personne UNIQUE est établie. L'Incarnation, pour nous, n'est pas le Fils Unique de Dieu, Elle est l'UNIQUE PERSONNE, la personne de Dieu qui prend la forme humaine. Le sens étymologique du mot « personnalité » vient de « persona » ou « masque ». Le Seigneur prend divers masques tels que *Krichna*, *Râma*, *Chaitanya*, *Râmakrichna*, etc... Il est conscient de l'identité de ces différentes personnalités dans le sein de Son Individualité cosmique. Le terme « individualité » vient du latin ; il est formé de « in », préfixe négatif et de dividuo » qui signifie diviser. Individualité a donc le sens d'indivisibilité. Le Seigneur est « *a-vibhakta* », indivisible ; mais Il apparait comme s'Il était « divisé » (*vibhaktam iva*) (*gitâ*, ch. XIII, vers. 17).

Pour le *sâdhaka*, quelles que soient sa religion et la perspective qu'il adopte comme base de départ de sa *sâdhanâ* — cosmocentrique ou anthropocentrique — sa théologie lui devient un article de *foi* vivante. Tant qu'une foi est *opérante* et transforme le caractère et, notamment, quand elle est traditionnelle, dépendant de la révélation, nous ne sommes pas en droit de mettre en doute sa validité. Illustrons ce point par une comparaison : qu'ils soient basés sur la théorie héliocentrique ou sur la théorie géocentrique, les almanachs indiquent avec une précision égale des événements, tels que les éclipses. Or, ces résultats identiques sont obtenus au moyen de calculs conduits selon des lignes différentes en raison des conceptions diamétralement opposées de l'univers sur lesquelles ils s'appuient ; de même, malgré la différence des théologies, quand la foi est active, le résultat atteint est toujours la même transformation du caractère.

Les Écritures sont la parole de Dieu. Les théologies ont pour but de nous en rendre le sens, en quelque façon, intelligible, et non pas de les amputer pour les adapter à des conventions humaines. Chaque Écriture a son unité intérieure, chacune d'elles constitue un tout harmonieux. Si telle est la vérité en ce qui concerne la théologie chrétienne, il en est de même pour la théologie hindoue. *Çamkara*, *Râmânuja* et *Madhva* se sont efforcés de faire des Écritures hindoues des systèmes de pensée où ne subsistent pas de contradictions. Ils n'ont jamais admis que l'on pût considérer certaines parties des Écritures comme vraies tandis que d'autres auraient moins de validité. Les Écritures étant des révélations, la méthode d'examen qui cherche à y établir des degrés de valeur ne reçoit pas l'approbation de l'orthodoxie. *Swâmi Vivekânanda*, acceptant cette manière de voir, n'a pas estimé que la question de l'harmonie des Écritures fût un problème de hiérarchie de valeurs ; mais il a considéré les Écritures comme des comptes rendus d'expériences spirituelles et de points de vue théologiques. Chaque position est intégrale ; poser la question de valeur, c'est établir des *relations* entre deux ou plusieurs positions ayant leur degrés d'importance. Étudier le problème sous cet angle, c'est négliger ce qu'il présente de vital pour l'individu. Chaque plan de référence doit être pris à part, séparément, et examiné sous l'angle particulier du *sva-dharma* individuel. La composition d'un aliment peut être plus complète que celle d'un autre ; mais, tant que cette nourriture n'est pas devenue la mienne (celle qui me convient), son existence n'a aucune valeur pour moi et le fait d'accepter la nourriture qui convient à un autre, même si elle est plus riche, me sera nuisible. Il en est de même en ce qui regarde la discipline spirituelle et la théologie inspirant cette discipline. Les expériences spirituelles de *Çrî Râmakrichna* confirment cette manière de voir. Quand il suivit la *sâdhanâ* islamique, il ne put momentanément accepter les pratiques spirituelles conformes aux idées hindoues. Mais la question de supériorité ou d'infériorité ne se présenta pas à son esprit. Les disciplines spirituelles ont pour but la transformation du caractère, elles doivent nous permettre d'atteindre des niveaux de conscience différents de ceux de notre vie ordinaire dans le monde.

Les théologies ne sont pas destinées à alimenter des discussions où brillent les subtilités intellectuelles. Elles sont le réel fondement de la foi. La consécration à la vie spirituelle prospère sur le terrain de l'amour de l'Idéal. Quand l'amour se transforme en foi, cette foi devient dynamique. Nous entreprenons de faire un travail, pour l'amour de le faire et, si l'amour est absent, le travail devient insipide. Plus nous mettons de cœur à faire une chose et plus nous prenons confiance en notre effort car tout acte fait avec amour est créateur et dans le dynamisme du travail créateur, notre foi en ce que nous accomplissons augmente. Dans la vie spirituelle, la fin que nous poursuivons est l'amour de Dieu qui est infini. Les actes d'adoration laissent derrière eux en nous une faim de plus en plus grande de l'infini et cette faim ne peut jamais s'exprimer par des œuvres qui sont finies. Ceci produit une *angoisse spirituelle*, un serrement de cœur, qui se languit dans une aspiration intense vers l'Infini. C'est cette souffrance que *Çrî Râmakrichna* exprimait quand il s'écriait : « O Mère, encore un jour s'est écoulé et Tu ne T'es pas encore révélée à Ton enfant ! » L'aspirant engagé sur le chemin spirituel qui n'a pas encore goûté l'expérience intégrale (*anubhâva*) et qui pratique régulièrement des actes d'adoration *a la certitude de cet état* et cette certitude lui vient de la foi, née elle-même de l'amour pour l'Idéal. La foi devient ainsi l'étoile qui guide l'aspirant dans sa vie et dans son amour pour l'Idéal choisi (cet amour n'est pas une poussée sentimentale, de caractère momentané, ni la satisfaction éprouvée dans cet état, ce que saint Jean de la Croix considère comme un grave danger pour la vie spirituelle). Cet amour s'exprime par les actes que les Écritures nous demandent d'accomplir. C'est pourquoi, dans le dernier verset du 16e chapitre de la *Gîtâ*, *Çrî Krichna* dit : « Que les Écritures soient pour toi l'autorité déterminant ce qui doit être fait. » Et plus loin, au 3e verset du chapitre XVII, le Seigneur dit : « L'homme consiste en sa foi (*çraddhâ*) ; il est véritablement ce que vaut sa *çraddhâ* (foi). » Cette foi est divine, elle est « aveugle » parce qu'elle n'opère pas par l'intermédiaire de notre mental. D'après saint Jean de la Croix, le mental travaille par le moyen de la « méditation discursive » ; mais, quand la foi devient ardente, l'homme reçoit le don béni de la « *contemplation infuse* ». L'esprit du Seigneur est infusé dans l'âme humaine et celle-ci n'a plus rien à faire. Suivant les paroles de Frère Laurent de la Résurrection, il fait qu'elle demeure comme une masse de marbre pour permettre au ciseau du Seigneur de la sculpter. Nous trouvons la même idée brillamment exprimée dans un ouvrage vishnouite de l'Inde du sud : *çrivachanabushanam.*

Ce dynamisme de la foi donne son souffle à la vie et c'est lui qui fait s'exhaler de l'âme une belle mélodie. Seul celui qui est entièrement consacré au Seigneur peut lui abandonner sa personne pour être le luth dont Il joue. Tous les vrais mystiques nous ont fait entendre cette musique céleste, ces mélodies qui ont produit un effet magique, d'abord sur eux-mêmes, puis sur tous ceux qui les ont entendus. Cette mélodie est l'éternel refrain de l'AMOUR. Mais l'essentiel est la musique et non pas la science de la musique. Dans la science musicale hindoue, il y a des mélodies (*ragas*) majeures et d'autres mineures. Mais ces termes « majeur » et « mineur » ne comportent aucune appréciation de valeur, pour autant qu'il s'agit de bonne musique. Dans la mélodie (*raga*) dite « *hamsadvani* », il n'y a que quelques notes, dans les gammes ascendante et descendante (*arohana* et *avarohana*). Mais ce raga peut être développé avec autant de profondeur et de subtilité que n'importe quel raga majeur, tel que le *çamkarâbharana* où l'on trouve les sept notes, dans les gammes ascendante et descendante. La musique produite par la vie des saints chrétiens, tels que saint Jean de la Croix et sainte Thérèse d'Avila est aussi douce que celle de tout autre saint hindou ; mais elle n'a pas les notes que nous avons coutume d'entendre dans un *raga* « majeur ». Par exemple, nous n'y trouvons pas la note du point de vue cosmique, ni la théorie de la réincarnation, ni l'idée que l'homme et, avec lui, toute la création, est né dans l'*ânanda* et non pas dans le péché. Dans la musique de la théologie chrétienne les dogmes et le credo sont les notes essentielles de la foi. Si nous écoutons la musique occidentale, il faut tenir loin de nos esprits les gammes de notation des *ragas* hindous. De même, si nous considérons une théologie particulière, il ne faut pas permettre à l'ombre d'une autre théologie de se projeter sur elle. Les images composites sont appréciables s'il s'agit de découvrir une norme particulière ; mais vouloir procéder ainsi dans le domaine de la science de la spiritualité, aboutirait à la confusion et à la formation de notes discordantes.

Par la Parole de Dieu qui est révélation, est transmis le germe de la foi. Si l'amour devient dynamique par l'action de la foi, il s'ensuit qu'une foi vive, au sens dans lequel ce mot est pris dans l'Épitre de saint Jacques, ne peut pas ne pas produire l'amour de Dieu. Foi et Amour sont alors des termes interchangeables. Les mots « *çraddhâ* » (foi en le *guru* et les paroles des Écritures) et « *bhakti* » (amour de Dieu) vont de pair. Il y a entre eux une identité de sens intime et, s'il y a une distinction dans l'usage des deux mots, celle-ci ne comporte pas de différence. La lumière qui illumine l'homme vient de Dieu. Suivant l'idée chrétienne, l'homme, enchaîné dans le péché, ne peut obtenir sa libération que par la Grâce de Dieu. Dans la pensée hindoue, il n'y a pas d'opposition entre le libre arbitre et la prédestination, le problème de la conciliation du don gratuit de Dieu avec l'effort individuel n'existe pas, alors que nous le trouvons chez les chrétiens et, particulièrement aigu, chez les protestants calvinistes. Par suite du *fait* des vies successives, de l'homme sur la terre, selon l'interprétation hindoue de la destinée humaine, par suite du *fait* du pouvoir de compensation du *karma*, pouvoir qui établit un équilibre entre les forces positives et les forces négatives opérant dans la vie, *buddhi*, c'est-à-dire l'intelligence supérieure, est éveillée dans l'âme humaine. Cette intelligence a son siège en Dieu et quand *avidyâ* (l'ignorance) s'évanouit, l'homme découvre que toutes les notions dualistes sont des illusions. Quand la charpente de cette illusion se sera effondrée, ce dualisme du libre-arbitre et de la prédestination, de l'effort humain et de la Grâce divine, disparaîtra également.

L'absence de la notion de *karma* et des vies successives donne à la perspective chrétienne un rythme accéléré. La destinée humaine *doit* trouver son accomplissement dans cette vie même. Le chrétien n'a pas de temps à perdre et ce qui doit être fait, doit l'être ici et maintenant, dans cet unique passage sur la terre. Par contre, en raison de sa notion des vies multiples, l'Hindou se laisse vivre paisiblement et souvent il perd la notion de l'importance de cette vie. Il n'est pas pressé, il a devant lui l'infinité du temps pour travailler à son salut. Un des articles de la foi chrétienne est le second avènement du Christ, la *parousie*. Cet événement ne pourra avoir lieu que lorsque le monde entier aura été évangélisé au nom de Jésus-Christ ; c'est pourquoi la conversion des païens est une préparation nécessaire. Examinons maintenant comment l'Hindou moderne réagit devant une telle attitude, de telle façon que lui aussi puisse préserver sa foi. Si le zèle missionnaire est né de la foi, la réaction indienne à son égard s'exprime par un réveil de l'esprit au sein des masses, par une prise de conscience des valeurs essentielles qui constituent la gloire spirituelle de l'Inde : en un mot, l'hindouisme se fait dynamique. L'expression souvent employée d'« hindouisme agressif » comporte un relent de violence et il évoque un sens d'inimitié à l'égard d'une école de pensée adverse qui ne traduit pas exactement l'attitude indienne. Puisque l'Hindou respecte toutes les croyances, liberté est donnée aux chrétiens d'exercer leur apostolat dans son pays. Mais lui-même manquerait de foi s'il laissait violer le *dharma* de l'âme indienne par des forces étrangères, s'il consentait à le laisser mourir sous la menace d'une autre foi. Aujourd'hui, un mouvement puissant s'affirme, qui peu à peu se développe, dont le but est de tenter la réintégration dans l'hindouisme de ceux qui, en raison surtout du manque de vigilance de la part des hommes considérés comme les gardiens du *dharma*, se sont égarés en dehors du bercail traditionnel. Il ne convient pas d'employer ici le terme de « reconversion », parce que les masses ignorantes n'ont pas été, en réalité, converties. Une conversion, toute extérieure, à l'islamisme ou au christianisme, n'est pas une conservion. Psychologiquement, il est tout aussi impossible à un Hindou de croire qu'Adam et Ève sont ses ancêtres, qu'il est impossible à un jeune écolier de Pondichéry, lisant dans un manuel écrit pour les enfants français : « Nos ancêtres, les Gaulois, avaient les yeux bleus », de croire que ses ancêtres hindous avaient les yeux bleus. D'après les *Purânas*, ce sont *Manu*, *Prajapati* et d'autres qui sont nos ancêtres. La théologie chrétienne ne peut vraiment devenir une partie de notre foi que si l'esprit subconscient reçoit du catéchisme ses premières leçons touchant le péché originel et la chute de l'homme. Psychologiquement, ceci est une impossibilité.

L'expérience du Christ de *Râmakrichna* et l'ardeur chrétienne de *Mahatma Gandhi* ont frappé l'homme du commun, dans l'Inde, et en cette époque critique, il est amené nécessairement à opérer sa réadaptation au cours de l'histoire selon le processus déjà suivi dans le passé quand le bouddhisme fut assimilé au sein du bercail hindou. Ce n'est pas le fiat d'un réformateur qui peut l'accomplir, mais un éveil surgi du cœur de l'homme lui-même. Il ne s'agit pas ici d'une adaptation mécanique, mais d'une croissance organique.

Dans les chapelles et sanctuaires où les dieux et les déesses hindous sont adorés, dans nos temples, les images de Jésus-Christ et de la Vierge Marie auront leur place d'honneur et Jésus-Christ y recevra l'hommage de millions d'hommes. Si l'on emploie le mot « païen » désignant ceux qui n'ont pas foi dans les dogmes chrétiens, pour signifier notre adhésion aux révélations et aux mythologies hindoues, nous sommes fiers de revêtir d'une signification indienne ce vocable dont on a tant abusé, et de nous proclamer nous-mêmes « païens », en attribuant à ce mot son sens étymologique originel. Nous en tirerons, en quelque sorte, réparation des insultes dont on nous a abreuvés, tant de siècles durant, en usant du terme « païen » dans un sens péjoratif. Si les missionnaires s'efforcent de *christianiser* les Hindous, nous autres, nous avons commencé le travail qui consiste à *indianiser* Jésus-Christ. Nous adaptons le Christ à l'arrière-fond de nos traditions culturelles, en lui offrant un culte dans les formes rituelles qui nous sont familières ; c'est-à-dire dans celles qui sont observées quand nous adorons *Krichna et Kâlî*. Nous donnons pleine liberté au chrétien d'exercer son apostolat ; mais, en même temps, sur le sol fécond à l'esprit synthétique indien, aucune violence n'est faite à nos consciences quand nous vénérons le Christ librement, selon notre manière habituelle d'honorer nos dieux et nos déesses. C'est ainsi que se manifeste la foi hindoue. Reconnaître dans le Christ, comme en tout autre divinité, une expression cosmique d'*Içvara*, de *Hiranyagarbha* et de *Virat* (Dieu comme Cause première, comme Conscience cosmique et comme Univers concret) tel est l'achèvement suprême de cette indianisation de Jésus-Christ. Si une telle façon de voir n'est pas sanctionnée par les faits historiques, l'esprit hindou n'en est nullement affecté. Nous ne cherchons pas d'évidences historiques pour les faits spirituels, ceux-ci ne sont point de ce monde. Le processus d'accomplissement dans le temps et la valeur absolue donnée à l'histoire qui, ainsi que le professeur Berdiaeff me l'a montré, sont essentiels au point de vue chrétien, à cause de la notion statique du temps dans la théologie judaïque, ne sont pas des articles de foi pour l'Inde. Un jour quelqu'un fit part à *Râmakrichna* des doutes, conçus par certains esprits influencés par l'éducation moderne, touchant l'historicité de *Krichna*. Le Maître répondit alors que le fait même, pour le Seigneur *Krichna* de s'exprimer lui-même dans la vie des mystiques et des fidèles, est la preuve la plus évidente de son existence. Le simple fait pour un héros spirituel, de produire un certificat de naissance provenant d'un registre municipal ne lui confère pas une crédibilité plus grande que celle que les *Purânas* ont créée et rassemblée autour de sa personne, le faisant ainsi vivre au milieu de nous, ici et actuellement. Les vérités spirituelles sont plus hautes que les faits historiques. L'Esprit cosmique projette des valeurs par des moyens que l'esprit humain est incapable de sonder. L'Indien vit ce que vous appelez sa mythologie. *Kâlî* et *Ganeça*, *Çiva* et *Hayagriva* ne sont pas des personnages historiques. Ils ne sont pas davantage des symboles, comme l'expliquent certains apologètes ou snobs indiens à un Occident à l'esprit sophistiqué. Pour comprendre ces réalités, il faut acquérir un nouveau langage de l'âme. Si quelqu'un souffre de daltonisme, il ne peut pas reconnaître les couleurs telles que les voit un homme normal. Nous n'entrons pas dans de vaines discussions en ce qui regarde les fondements de notre foi. L'esprit de prosélytisme et de conversion est étranger à la mentalité hindoue. Maintenir un événement spirituel dans un cadre historique ne satisfait pas l'esprit hindou. La réalité spirituelle grandit suivant des lois spirituelles définies, elle prend vie dans l'expérience des mystiques et c'est ainsi que notre foi en ces réalités se trouve être soutenue. Si, aux yeux de l'histoire, il n'y a pas eu de *Krichna*, né dans le Nord de l'Inde et venu dans le Sud, ceci n'a nullement empêché les adorateurs d'avoir eu non seulement des visions de *Krichna*, mais encore des marques évidentes de sa présence objective en divers lieux de l'Inde du sud. Il faut bien se garder de confondre ces choses avec des hallucinations ou des illusions. C'est par un *purâna* (mythe) de ce genre qu'une réalité spirituelle vit et ce *processus* en vertu duquel une vérité spirituelle se fait *purâna*, personne ne peut l'entraver. Ce n'est pas le zèle réformiste des propagandistes modernes, cherchant à sauver l'âme de l'Inde, qui effectue une telle transformation, il s'agit d'un puissant mouvement du cœur de la nation qui prend, pour ainsi dire d'assaut, les forces nouvelles dans le but de les adapter à cette zone vitale de l'existence nationale qu'est l'âme de la race.

Deux vies de *Râmakrichna*, écrites en des langues européennes, ont attiré l'attention du public. L'une est de Romain Rolland : elle donne une relation historique de la vie du Maître ; l'autre est le « Le Visage du Silence » de Dhan Gopal Mukerji et, dans cette dernière, il n'y a que très peu de faits qui concordent avec l'histoire. Cependant, partout où j'ai rencontré en Europe des dévots de *Râmakrichna*, c'est ce livre qu'ils préfèrent parce que cette version légendaire nous rend *Râmakrichna* plus vivant que l'ouvrage de Romain Rolland. Nous ne pouvons pas accuser Dhan Gopal d'avoir falsifié la vie de *Râmakrichna*. Il a fait une version purânique de la vie de *Râmakrichna* et un *purâna* exhale un souffle de vie que jamais la dialectique d'un *Çamkara* ou d'un *Râmânuja* ne sera capable d'engendrer. *Dhan Gopal* est un artiste et le monde doit plus aux artistes de la littérature qu'aux auteurs de biographies, qui se sont simplement efforcés de donner une hagiographie authentique des héros dépeints par eux. Lorsque Balzac tomba malade, il voulut être soigné par le médecin de ses romans ! Hélas ! celui-ci n'était qu'une fiction de son imagination. Des personnalités spirituelles, telles que *Râma* et *Krichna* sortent du cadre de l'historicité et c'est réellement qu'elles traitent l'âme qui est malade, qu'elles la régénèrent et lui rendent sa gloire spirituelle. C'est pourquoi elles sont et resteront le sel de cette terre. Mahatma Gandhiji a prié

Râma et c'est en répétant le Nom de *Râma* qu'il a obtenu la puissance par laquelle il a réveillé les masses de l'Inde. De même, nous croyons que, dans l'Inde, la puissance de *Râmakrichna* opérera une renaissance en unissant l'âme indienne à son passé culturel, par un lien qui n'est rien d'autre que la foi en la mission du *sanatanadharma.*

Comme je l'ai déjà dit, la base de l'amour dans la vie spirituelle, c'est la foi. Mais ce qui est important ce ne sont pas les théories de l'amour, mais bien l'expression de l'amour. Ceci a été exprimé éloquemment dans l'Épître de saint Jacques :

> « Que si vous accomplissez la loi royale selon ce passage des Écritures « Tu aimeras ton prochain comme toi-même », vous faites bien. Mais si vous faites acception des personnes, vous commettez un péché, et la loi, elle-même, vous condamne comme transgresseurs. Car quiconque observe toute la loi, *s'il vient à faillir sur un seul point est coupable de tous.* En effet, celui qui a dit : « *Tu ne commettras point d'adultère* », a dit aussi : « *Tu ne tueras point* [1] ». Si donc tu tues, quoique tu ne commettes point d'adultère, tu es transgresseur de la loi. Parlez et agissez comme devant être jugés par la loi de liberté. Car le jugement sera sans miséricorde pour celui qui n'aura pas fait miséricorde ; la miséricorde triomphe du jugement. Que sert-il, mes frères, à un homme de dire qu'il a la foi, s'il n'a pas les œuvres ? Est-ce que cette foi pourra le sauver ? Si un frère ou une sœur sont dans la nudité et n'ont pas ce qui leur est nécessaire chaque jour de nourriture et que l'un de vous leur dise : « Allez en paix et vous rassasiez », sans leur donner ce qui est nécessaire à leur corps, à quoi cela sert-il ? Il en est de même de la foi ; si elle n'a pas les œuvres, elle est morte en elle-même. Mais on pourrait même dire : « Tu as la foi et, moi, j'ai les œuvres. Montre-moi ta foi sans les œuvres et moi, je te montrerai ma foi par les œuvres. Tu

1. C'est nous qui soulignons.

crois qu'il y a un seul Dieu, tu fais bien ; les démons le croient aussi... et ils tremblent. Mais veux-tu te convaincre, ô homme vain, que la foi sans les œuvres est sans vertu ? » » (saint Jacques, ch. II, vers. 8 à 21.)

Nos œuvres sont la réflexion de notre foi, et la foi est surnaturelle. L'adhésion au credo chrétien ou islamique est foi. L'acceptation de l'Absolu dans la discipline védântique est foi. *Brahman* ne peut être connu par les catégories de l'*antahkarana*, c'est-à-dire par le mental et ses facultés. Il n'y a pas de vie spirituelle concevable sans foi dans le surnaturel. Le DR SUZUKI a montré, dans ses essais sur le ZEN, que dans le bouddhisme mahayaniste, où il n'y a pas la moindre notion d'une spiritualité teintée d'idées déistes, il y a également suprématie de la foi. Nous pourrions être surpris de voir attacher tant d'importance à la foi dans la réalisation du Vide, *çunyata*. Le Vide est la buddhata, la bouddhéité, c'est l'état de *dharmakayapravesa*, c'est-à-dire l'entrée dans le corps du dharma. *Les mots retombent impuissants* quand il s'agit de dépeindre un état qui n'est pas susceptible d'être décrit par des mots. Cet état ne peut être obtenu que par une vision intérieure et, de celle-ci il est parlé figurativement comme de l'ouverture du troisième œil. Citons le DR SUZUKI : « Du point de vue métaphysique, nous pouvons dire que ce constant appel à l'esprit d'investigation est fondé sur une FOI, solidement établie dans le fonctionnement de l'activité de la *buddhata* en chaque individu. De fait, c'est cette *buddhata* elle-même qui nous sert de guide pour trouver où l'Un séjourne. » Ceci est un des koans, c'est-à-dire une de ces formules cryptiques, incompréhensibles que le maître zen donne comme sujet de méditation à ses étudiants :

« Si tout procède de l'UN où donc l'UN séjourne-t-il ? Un maître zen dit que c'est là seulement où il y a une foi infinie que l'effort spirituel peut surgir. La foi et l'esprit d'investigation qui poussent l'aspirant à accomplir sa *sâdhanâ* ne sont pas des choses contradictoires. Avoir foi dans l'ultime terme de la *sâdhanâ* prépare l'esprit de

> telle sorte que toutes les autres activités superficielles du mental sont suspendues. Le tréfonds de la conscience est éveillé et un pouvoir plus grand que l'égo empirique illumine la totalité de la Réalité. » (Suzuki.)

Telle est la foi dans la *buddhata* dont nous parle le maître zen Lin Tsi, sous une forme paradoxalement exagérée : « O vous, disciples de la Vérité, si vous voulez obtenir une compréhension orthodoxe de la VÉRITÉ, ne vous laissez pas induire en erreur. Intérieurement et extérieurement, si vous rencontrez des obstacles, renversez-les. Si vous rencontrez le Bouddha, tuez-le. Si vous rencontrez le Patriarche, tuez-le ; si vous rencontrez un Arhat, tuez-le et faites de même pour vos parents et vos ancêtres, sans l'ombre d'une hésitation ; car telle est l'unique voie vers la libération. » Cette nécessité de tuer toute conception dualiste et, notamment celle que représente l'*ista* (l'Idéal choisi) a été affirmée par *Râmakrichna,* dans le récit de sa propre expérience, au moment où il achevait sa *sâdhanâ* advaïtique : « Dès que la forme de la Mère Divine se présenta devant moi, je la coupai en deux avec l'épée de la discrimination. » Si la souveraineté de la foi est d'une importance primordiale dans les pratiques spirituelles où il n'y a pas place pour des conceptions dualistes, quel ne devrait pas être, à fortiori, notre respect pour la place éminente qui lui est donnée dans les religions dualistes. Si, dans la *sâdhanâ* advaïtique, il faut avoir une foi suffisamment forte pour mettre en pièces son Idéal choisi — chose qui, aux yeux du *bhakta,* constitue la plus horrible des abominations — et si c'est seulement sur la base d'une telle foi que les tabernacles de la pensée et de la forme peuvent être niés de façon à arriver à l'affirmation ultime (car la négation signifie également la négation de la négation, laquelle est affirmation), affirmation qui est l'intuition védântique, elle-même Connaissance de la Réalité et base de l'existence — ne pouvant jamais devenir un objet de conscience ; combien plus, nous Hindous, ne devons-nous pas hésiter à accorder la suprématie à n'importe quelle forme de foi surnaturelle, telle que celle qui est propre aux adhérents des religions dualistes, si illogique, si irrationnel que puisse être, à nos yeux, le contenu de cette foi. Chaque forme de la foi est le langage que Dieu parle dans des contrées et à des époques différentes. C'est le manque d'intelligence de ce langage qui crée le manque de compréhension réciproque. Il y a quelques années, j'ai rencontré à Genève une personne qui se moquait du rituel catholique. Je ne pouvais retenir mon indignation en présence de cette irrévérence ; mais, comme je savais qu'aucun argument n'aurait prise sur mon interlocuteur, je l'ai interrompu net et je me suis mis à parler dans ma propre langue : le *malayalam.* Je lui ai demandé ensuite quel effet cela avait produit sur lui. Il m'a répondu qu'il avait été tenté de rire. Et pourquoi ? lui ai-je dit. — parce qu'il ne pouvait pas me comprendre, telle a été sa réponse. Pour comprendre une autre personne, il faut connaître sa langue. De même, il faut que nous soyons capables de comprendre les fondements de la foi d'une autre personne, n'appartenant pas à notre religion ; alors seulement, nous pourrons arriver à une vaste synthèse et c'est en celle-ci que consiste l'harmonie des religions, enseignée par *Çrî Râmakrichna. Çrî Râmakrichna* ne s'est pas mis en peine de comprendre les multiples divergences théologiques, existant parmi les croyances. Il a illustré la vérité de la foi par diverses explorations dans le domaine des réalités spirituelles appartenant aux religions, en faisant de la religion un facteur de réalisation.

La foi dans le surnaturel qui est une partie intégrante essentielle de toutes les religions orthodoxes du monde exige de nous que nous renoncions à notre égo et à notre vouloir propres. Cette renonciation de la volonté est l'idéal par lequel on devient réellement *pauvre*. Comme le dit Maître Eckhardt :

> « Aussi longtemps que vous avez la volonté d'accomplir la volonté de Dieu, aussi longtemps que vous avez un désir particulier même celui qui vous fait vous élancer vers l'Éternel, vous n'êtes pas réellement pauvre. Celui-là seul est pauvre qui ne veut *rien* avoir. »

Tel est le pic sublime au sommet duquel le *yoga* de la foi nous conduit. Le *yoga* de la foi est véritablement le *purna yoga*, le *yoga* intégral. Dans le *yoga* de la foi, sont contenus tous les autres *yogas* : *jñâna*, *bhakti*, *karma* et *raja yogas*. Saint Jean de la Croix a attaché une valeur capitale à la réalisation de cette pauvreté dont Maître Eckhart parle. En espagnol, le mot « nada » signifie « rien ». Comment arriver à cette nudité des sens et de l'esprit ? C'est ce que saint Jean de la Croix expose dans la théorie de la Nuit Obscure. L'entendement, la volonté et la mémoire sont maintenues dans la soumission par une discipline ascétique rigoureuse. De la « méditation discursive », l'âme est conduite dans le champ de la « contemplation infuse ». L'âme réalise son union avec Dieu par la foi, l'espérance et la charité.

6

Le raja-yoga de saint Jean de la Croix

6

Le raja-yoga de saint Jean de la Croix

Etude comparative de la Nuit Obscure de saint Jean de la Croix et de l'Ashtanga Yoga (yoga des huit embranchements) de Patanjali.

Le raja-yoga est la voie royale qui mène à l'union avec le divin. L'emploi du terme « yoga » est légitime lorsqu'il s'agit d'une école de pensée religieuse puisqu'il désigne l'union de l'âme avec Dieu. Les conceptions relatives à Dieu, à l'âme et leurs relations mutuelles varient suivant les doctrines, mais le « yoga » inclut toutes les méthodes d'approche et chacune d'elles peut, à juste titre, revendiquer le droit d'utiliser ce terme. D'ailleurs on pratique également le yoga dans les écoles de spiritualité qui n'ont pas la notion de Dieu et ne formulent pas de postulat déterminé quant à la Réalité ultime, c'est le cas, par exemple, des écoles bouddhiques. Le yoga est alors assimilé à une méthode d'approche psychologique ou parapsychologique, vers la Réalité. Cette Réalité s'exprime soit en termes positifs pour les védantins par l'affirmation : « *Tout est Brahman* » ; soit en termes négatifs, et en dehors de toute formule pour les bouddhistes lorsqu'ils déclarent : « Depuis le commencement rien n'existe ». Le yoga ne prend pas partie et ne propage aucune école de pensée particulière, il conserve une attitude impartiale à l'égard de tous ses partisans ; les esprits religieux aussi bien que ceux dont l'attitude est extra-religieuse utilisent le yoga comme moyen d'approche de la Réalité, et chaque école conserve son entière liberté pour formuler, suivant sa foi, sa propre conception de la Réalité. Nous devons d'ailleurs envisager cette méthode d'un point de vue purement psychologique, de telle sorte qu'aucune considération d'ordre théologique ou doctrinal ne nous aveugle à l'égard de l'esprit humain lorsque celui-ci décide, en vue d'une recherche spirituelle, d'explorer ses capacités. La plus grande possibilité d'un être humain est certainement de pouvoir imposer silence à son mental par l'annihilation des *vrittis* (*chitta vritti nirodha*) [1] ; ou, pour employer les paroles de saint Jean de la Croix :

> L'âme, avant d'arriver à l'état de perfection, doit ordinairement passer tout d'abord par deux sortes principales de nuits que les auteurs spirituels appellent voie purgative ou purification et nous appelons ici « nuits » parce que, dans les deux cas, l'âme marche, pour ainsi dire, dans la nuit et l'obscurité.

Dans son prologue, saint Jean de la Croix dit :

> Notre-Seigneur voudrait les âmes dans la nuit obscure afin de les amener par là à la divine union.

Un peu plus loin, il écrit :

> Il est donc clair que, pour arriver ici-bas à s'unir parfaitement à lui par la grâce et l'amour, l'âme doit être dans l'obscurité par rapport à ce que tout ce que l'œil voit, l'ouïe entend, l'imagination représente et le cœur perçoit.

A propos de la réalisation de la Nuit Obscure de l'âme, saint Jean de la Croix écrit : « Nous allons prouver comment la foi est une nuit pour l'esprit. Nous allons parler des obstacles que la foi rencontre et de *la part d'activité qu'elle doit elle-même mettre en œuvre.* » Ailleurs nous lisons : « Telle est la nuit spirituelle que nous avons appelée active parce que l'âme fait *ce qui dépend d'elle* pour y pénétrer. » Nous soulignons ces mots afin de bien indiquer que, suivant le yoga de saint Jean de la Croix, le disciple doit apporter une certaine part d'activité. Ces paroles du saint servent de réponse à certaines critiques contre le yoga ; suivant ces critiques, le yoga, inadaptable à la menta-

1. Le « yoga consiste à empêcher le contenu mental (*chitta*) de prendre diverses formes (*vrittis*) ». Deuxième *sutra* de Patanjali.

lité chrétienne, se trouve en opposition directe avec la théologie chrétienne car, toujours suivant ces dires, le disciple est incapable de s'arroger aucune action en vue de son avancement spirituel, puisque l'âme est contaminée dès sa naissance par le péché originel, aucun effort humain n'est efficace pour sa rédemption, seule l'action divine peut la sauver. Les théologiens qui soulèvent ces objections contre la pratique du yoga insistent sur l'incapacité du disciple à prendre une part active à son progrès spirituel et sur la nécessité pour celui-ci de se limiter à une soumission complète à la volonté du Seigneur. Saint Jean de la Croix répliquerait qu'une telle opinion dénote certainement, de la part de leurs auteurs, une méconnaissance de l'attitude qui convient à un disciple. En revanche, les critiques de ces théologiens s'appliqueraient parfaitement au deuxième stade de la vie spirituelle, lorsque le rôle actif de l'âme est terminé, c'est-à-dire dès qu'elle a dépassé la voie purgative. Elle entre maintenant dans un état passif, selon le saint : « La voie passive comprend ce que l'âme ne fait pas par elle-même ni par sa propre industrie, mais ce que Dieu fait en elle, et alors, elle est comme passive. » Plus d'une fois des esprits critiques nous ont déclaré : ce yoga n'est qu'une sorte de recette culinaire que notre théologie chrétienne ne saurait accepter. Nous leur conseillons vivement de lire la doctrine de la Nuit Obscure et la description de la part active de l'âme avant que le Seigneur ne l'introduise Lui-même dans le deuxième état, passif celui-là. Ce deuxième stade est celui de la contemplation infuse ; ici l'activité de l'âme n'a plus sa place, et c'est là que nos théologiens pourraient légitimement tenter une opposition au yoga. Mais, au dernier stade de la vie spirituelle, le yoga accorde la plus haute importance au complet renoncement de la volonté humaine, l'âme demeure alors entièrement passive. Ce degré est, suivant les écoles vichnouites, celui de l'union avec le divin appelé *savikalpa-samâdhi* [2]. D'après les paroles d'un maître spirituel du sud de l'Inde, l'un des grands *Alwars* [3], l'âme doit devenir semblable

2. Etat d'union où la dualité subsiste.
3. Saints vichnouites.

à un bloc de marbre entre les mains du sculpteur. Voici d'ailleurs, selon la description de saint Jean de la Croix, la part contributive de l'âme :

> Comme la transformation en Dieu ne dépend ni des sens ni de l'habileté humaine, l'âme doit se dépouiller complètement et *volontairement* (c'est nous qui soulignons) de tout ce qu'elle peut contenir d'affection aux choses d'en haut et d'en bas ; elle le fera dans toute la mesure où cela dépend d'elle ; et alors qui empêchera Dieu d'agir en toute liberté dans cette âme soumise, dépouillée, anéantie ?

Un peu plus loin, il dit :

> Elle (l'âme) doit s'appliquer à ne rien savoir... l'âme doit réduire à néant toutes ses imperfections.

Ces quelques lignes, et d'autres passages, trop nombreux pour être cités, décrivent la part d'effort que l'âme doit accomplir avant d'être admise au stade passif. Ce degré est ainsi décrit au chapitre XVIII, verset 66 de la Bhagavad Gîtâ : « *Sarva-dharmân paitrajya, mâm ekam çaranam vraja.* — Abandonne tous les *dharma* (devoirs) et prends refuge en Moi seul. »

Suivant la théologie mystique, il y a trois degrés dans la vie spirituelle. Le premier, la *via purgativa*, décrit le travail que doit accomplir l'âme sur elle-même ; cette étape est indiquée dans la méthode du yoga par les termes *yama-niyama* (règles de discipline et purification mentale), puis vient le deuxième degré, la *via contemplativa* qui correspond en yoga à *pratyâhâra dhârana* et *dhyâna*, c'est-à-dire : le recueillement, la concentration et un état de méditation contemplative. Le début de la *via contemplativa* comporte une période de méditation, mais, suivant saint Jean de la Croix, la méditation discursive cède bientôt la place à la contemplation infuse, entre les deux il y a un degré intermédiaire durant lequel on ne peut déterminer si l'âme agit ou si Dieu est actif dans l'âme, « tant que l'on ne sera pas arrivé à cet état qui est celui des âmes déjà avancées, il y a un mélange de l'une et l'autre voies », écrit saint Jean de la Croix. La méditation discursive correspond aux pratiques de *pratyâhâra* et *dhârana*, et lorsque l'aspirant arrive à *dhyâna*, il se trouve à l'extrême limite de deux états où l'on ne peut distinguer entre l'action humaine et l'action infuse divine dans l'âme. Parfois il semble que celle-ci essaie de capter Dieu, parfois elle paraît inactive et il semble que Dieu laisse couler sa grâce dans le cœur du disciple. Nous pouvons lire ces descriptions dans les litanies que nous ont léguées les saints vichnouites et çivaïtes. Telle est la *via contemplativa* selon la méthode du yoga. La dernière étape de la vie spirituelle, la *via unitiva*, est celle de l'union avec le divin ; — ici, aussi bien en théologie chrétienne que suivant la méthode indienne — c'est Dieu Lui-même qui entre en union avec l'âme. De temps à autre, le Seigneur permet à l'âme de penser qu'elle possède encore quelque activité, mais selon le yoga de l'Inde, il s'agit simplement d'un jeu du Seigneur. Dans l'état d'union, seul le Seigneur agit, et son action est la complète possession de l'âme. Suivant les paroles de saint Jean de la Croix : « L'âme devient Dieu par participation. »

Les malentendus ne manquent pas parmi les théologiens d'Occident dès qu'on présente le problème du yoga sous l'aspect de l'annihilation des vagues du mental (*chitta vritti nirodha*). Ceux dont l'interprétation de l'effort spirituel se borne à réduire le mental à l'immobilité ont raison d'être pessimistes, car, en soi, le suicide mental ne prouve rien. Les théologiens, yogis, philosophes et métaphysiciens qui entreprennent la réalisation du deuxième sutra de Patanjali n'y voient pas une fin en soi, mais une voie d'accès à une juste vue de la Réalité. Le troisième *sutra* est ainsi conçu : « Alors (au temps de la concentration), le voyant (le *Purusha*) réside en son état propre (non modifié). » A ce degré de concentration, toutes les vagues du mental sont supprimées ; cet état d'annihilation est négatif. Le troisième *sutra* nous donne la description de son opposé, l'aspect positif ; un fait, quel qu'il soit, a toujours deux aspects : positif et négatif. Si nous plantons une graine en terre, elle germe ; nous pouvons dire que l'écorce de la graine a éclaté et que celle-ci est détruite, ou bien que le germe est né ; la première déclaration est négative, la seconde est positive. Entre ces deux points de vue il n'y a pas de succession dans le temps. Il n'y a pas de relation chronologique entre la rupture de l'écorce et la germination de la plante. L'événement a lieu dans l'éternité de l'instant. Ainsi, il n'y a pas de durée entre la destruction des vagues mentales et la possession de l'âme par le *Purusha*. Saint Jean de la Croix nous dit de même que le soleil resplendissant s'élève à l'horizon dès que la troisième partie de la Nuit est terminée.

Dans l'enseignement métaphysique de l'Advaïta, l'annihilation des vagues mentales a un but déterminé, c'est un moyen qui permet d'arriver à appréhender la Réalité. Nous ne connaissons habituellement qu'un aspect de la Réalité, l'aspect manifesté, exprimé dans la conscience par une série de perceptions ; ces perceptions, enregistrées par le mental dès qu'elles y pénètrent sous forme de vagues, sont interprétées comme actions. Mais cela n'est que la moitié de la Réalité nous ignorons l'autre aspect du Réel : le SILENCE. Le silence apparaît dès que cessent les perceptions. Le phénomène de la perception n'est possible — suivant l'épistémologie indienne — que par rapport à son opposé, la non-perception, dont nous avons l'expérience dans le sommeil profond. C'est par les contrastes et les oppositions que la vie est sentie et vécue comme une expérience vivante. Ce qui contredit le mouvement des vagues du mental est le SILENCE. La métaphysique indienne ne témoigne d'aucune préférence pour un aspect ou pour l'autre ; mais notre activité mentale nous présente une vision faussée de la Réalité. Pour le Védanta comme pour le Zen, « chérir des opinions » est le plus grand obstacle à la réalisation de la Doctrine Suprême. Nous devons à tout prix, nous détacher de la vie, sans pour cela nous attacher au SILENCE [4], au SAMADHI, l'aspect non-manifesté appelé dans la *Brihadaranyaka Upanishad* la MORT. Nos préférences ne doivent aller ni à la VIE ni à la MORT, c'est alors seulement que la Réalité nous dévoilera son secret dans la réalisation de la Conscience de Turîya.

4. Voir mon Liminaire à la *Mândûkyôpanishad*. Adyar, Paris, 1952.

La discipline du yoga est inévitable pour nous faire saisir l'importance de « lâcher prise », mais cet abandon ultime ne se produira que lorsque la plus puissante de toutes nos pensées, le sens du « moi », se sera détaché de nous. La plus grande difficulté à laquelle nous nous heurtons est, suivant saint Jean de la Croix, de plonger la volonté dans la nuit, car le sens de l'*égo* est attaché à la volonté. Nous aborderons ce sujet plus tard. Limité par les dimensions d'un article, nous n'étudierons ici que la nuit de l'entendement ; nous nous proposons de traiter dans un second et troisième article la nuit de la mémoire et la nuit de la volonté.

Toute l'importance de la voie de la dévotion est condensée dans la manière dont le disciple pratique la charité. Pour ceux qui suivent la voie métaphysique (*jñâna*) l'annihilation de toutes les pensées enregistrées dans la substance mentale (*chitta*) est particulièrement nécessaire car, seule cette destruction permettra d'expérimenter le vide interstitiel c'est-à-dire le *samâdhi*. Le *satori* (en tant qu'événement) jaillit dès que les deux aspects de la Réalité, l'expression et la non-expression, sont placées sur le même plan, simultanément s'élève la connaissance que l'état de *jñâna* ou *satori* a toujours été présent. Le Védânta, le Zen et saint Jean de la Croix affirment avec unanimité que cet état ne peut être produit, aucune discipline ne donne accès à l'état final. Les écoles vichnouïtes nient catégoriquement l'efficacité de l'effort personnel dans la dernière phase de la *sâdhanâ*, celle-ci ne s'accomplit que par la grâce du Seigneur en réponse à l'abandon total (*çaranâgati*) du disciple. La métaphysique advaïtique n'apparaît pas dans le yoga de saint Jean de la Croix, ni d'ailleurs dans les enseignements vichnouïtes ou çivaïtes, car, pas plus dans ces écoles que dans la métaphysique chrétienne, on n'envisage la position extra-religieuse. Les enseignements de saint Jean de la Croix demeurent circonscrits par les dogmes de la sainte Église, à l'égard de laquelle il affirme dans son *Prologue* une entière soumission. La Foi de saint Jean de la Croix est le *credo* de l'Église : « *Dieu est Trinité en personnes et Unité en nature, c'est ainsi que la foi nous le propose.* » Les saints vichnouïtes de l'Inde ont, eux aussi, une dogmatique déterminée dont ils ne peuvent s'écarter. Mais l'attitude imposée par les dogmes nous laisse libre d'observer la pleine floraison du raja-yoga en saint Jean de la Croix, le raja-yoga ne se prononce pour aucune théologie, bien qu'il demeure la force propulsive la plus puissante qui nous pousse sur le chemin de la réalisation de la théologie mystique, quelle que soit notre religion. Les dogmes — vichnouïtes ou chrétiens — n'interviennent qu'à l'instant où il s'agit d'interpréter la *substance* de la contemplation infuse, car le fait même de la contemplation infuse n'est mis en doute ni par les écoles indiennes ni par les Églises chrétiennes. Notre seul but ici est d'interpréter, à l'intention de nos frères indiens et de nos amis occidentaux qui aiment la voie d'approche hindoue, ce fait extraordinaire auquel nous avons toujours voué plus d'amour depuis le début de notre séjour en Europe : la découverte du raja-yoga en saint Jean de la Croix. Ainsi, lui aussi se saisit de cette échelle, la mieux appropriée pour atteindre au pinacle de la gloire spirituelle. Lorsque de nombreux visiteurs indianisants viennent vers nous et déplorent avec un sentiment d'infériorité qu'il n'existe dans la tradition occidentale aucun équivalent du raja-yoga indien, nous leur conseillons de lire maintes fois les œuvres complètes de saint Jean de la Croix, ainsi que nous l'avons fait nous-mêmes ; et nous pouvons dire, sans aucune hésitation, que nous considérons saint Jean de la Croix comme le Patanjali de l'Occident.

II

Avant de continuer notre étude et d'établir un parallèle avec la terminologie du yoga, nous allons définir clairement quatre termes continuellement utilisés par saint Jean de la Croix : concentration, méditation, contemplation et contemplation infuse. Nous nous occuperons des trois premiers un peu plus tard, pour le moment prenons l'expression « contemplation infuse » telle qu'elle est employée habituellement par le saint et essayons de trouver son équivalent dans les termes dont fait usage un *sadhak* du yoga. La contemplation infuse, selon saint Jean de la Croix, est le stade où le disciple abandonne une fois pour toutes l'initiative de son développement spirituel ; si nous acceptons cette définition, le terme indien qui répond à cette conception sera *pratyaksha* ou *anubhâva*, généralement traduit en français par « réalisation ». C'est ce que saint Jean de la Croix appelle le « terme final » que l'âme découvre elle-même lorsqu'elle arrive à la fin de son voyage spirituel. Cette réalisation est accomplie par Dieu dans l'âme humaine, mais par pure convention, on parle de la réalisation du disciple. D'ailleurs, la Bhagavad-Gîtâ le spécifie très clairement au chapitre XI, lorsque Çrî Krichna révèle sa forme cosmique à Arjuna : « Je t'ai accordé la faveur, Arjuna, de voir cette forme suprême révélée par mon yoga. » Au verset suivant, le Seigneur précise : « Ni le sacrifice, ni les vedas, ni les aumônes, ni les œuvres, ni les grandes austérités, ni l'étude approfondie ne peuvent faire obtenir la vision de cette forme. » Suivant la théologie mystique, la contemplation n'apparaît qu'après l'abandon de la méditation, lorsque les ténèbres de l'entendement, de la mémoire et de la volonté sont étendues sur l'esprit, annonciatrice de l'aube, de l'union de l'âme avec Dieu. Quand le disciple a renoncé aux austérités et qu'une longue suite d'humiliations successives lui a apporté l'humilité de l'âme, humilité née de la connaissance que les tentatives humaines sont impuissantes au dernier stade de l'évolution de l'âme ; après avoir parcouru la voie active, puis la voie passive, alors commence la contemplation infuse dont nous avons donné un exemple ci-dessus en citant la vision que Krichna accorde à Arjuna. La contemplation infuse de la substance de la Foi chrétienne : « Dieu est Trinité en Personnes et Unité en nature », est la descente de Dieu en l'homme. Cette réalisation est accomplie par Dieu, mais l'homme, dans son ignorance, essaie de se l'approprier à lui-même au moyen d'austérités, de sacrifices, d'études et d'autres formes de pratiques spirituelles. Il en est de même dans la tradition advaïtique, l'*égo* s'éteint dans la contemplation, la réalisation de l'Éternel. Çamkara, dans les versets de l'invocation qui précède le texte de la Mândûkyôpanishad [5], affirme sans équivoque possible que Brahman lui-même contemple l'univers dans les états de veille (*jagrat*), rêve (*svapna*), sommeil profond (*sushupti*) et demeure immuable identique à *turîya* (l'Intemporel). Suivant saint Jean de la Croix, l'homme ignore cette vérité des vérités que : Dieu seul *est*, il s'approprie ce qui légitimement n'appartient qu'à Dieu. Selon les paroles de Çrî Râmakrichna, « Dieu est dans tous les hommes, mais tous les hommes ne sont pas en Dieu, c'est pourquoi nous souffrons ». Saint Jean de la Croix, comme d'ailleurs l'auteur de la *Bhagavad-Gîtâ,* déclare que cette connaissance n'est donnée à l'homme que par la voïe surnaturelle, lorsque le disciple pratique le buddhi-yoga (le yoga de la discrimination) et que le Seigneur lui fait don de « l'œil divin » (*divya çakshus*). Selon le Védânta, l'Éternel n'est jamais limité par sa manifestation telle que l'âme la contemple. Quand nous employons le terme « inconditionné » pour indiquer ce qu'on ne peut définir, nous n'avons pas l'intention de donner à ce terme le sens « d'absence de tous conditionnements ». Subjectivement, nous pouvons supprimer les conditionnements du mental en stoppant tous les mouvements mentaux, cela n'impliquera pas que le monde extérieur cessera pour autant d'exister. Lorsque je m'endors, le monde n'entre pas en même temps dans le silence. Le Védânta et le yoga ne prennent parti ni pour un subjectivisme idéaliste, ni pour un objectivisme réaliste. Le Réel s'exprime également dans l'un et l'âutre. Le vrai sens du terme « inconditionné » est l'infinie possibilité de tous les conditionnements. (D'après l'enseignement de Çrî Râmakrichna les formes divines sont éternelles (*nitya*), mais il ne s'agit évidemment pas des simples formes physiques de Krichna ou de Râma). L'illustration de l'argile nous permettra de saisir correctement ce point de vue. (Nous prions le lecteur de se référer aux commentaires de Çamkara consacrés à cette question dans la *Brihad* Upanishad, pp. 17 à 22 dans l'édition de Mayavati.) Personne ne voit l'argile indépendamment des formes qu'elle

5. *Mândûkyôpanishad*, éditions Adyar, Paris, 1952.

emprunte, aucune forme n'est éternelle. Chaque forme qui se présente successivement à nos regards n'est autre qu'argile ; cependant nous ne pouvons affirmer que nous voyons l'argile, puisque nous ne pouvons pas percevoir l'argile indépendamment des formes ; nous ne pouvons pas davantage déclarer que nous ne voyons pas l'argile. Nous avons une intuition directe de l'argile et cette intuition est inconditionnée, mais les formes sont conditionnées L'argile est douée d'infinies possibilités d'expressions formelles. De même, l'Éternel n'est jamais conditionné, mais Il possède une infinie possibilité de se présenter Lui-même dans sa gloire éternelle. Du point de vue védantique, les adorateurs de l'Éternel le contemplent, suivant les religions, sous de multiples FORMES, qui sont autant de révélations de l'Éternel aux hommes. D'un point de vue ésotérique, ces formes sont les présentations opérées par le Purusha lui-même lorsqu'il révèle la substance de la Foi à une âme. Les substances des contemplations vichnouïtes ou civaïtes ne sont pas les mêmes ; ainsi, sommes-nous autorisés à parler également de la substance de la Foi chrétienne : « Dieu est Trinité en Personnes et Unité en nature. » Après avoir aidé le disciple à traverser la Nuit obscure au moyen du processus *chitta vritti nirodha*, le raja-yoga le dépose sur l'autre rive, devant un aspect positif cette fois ; la contemplation infuse. Au cours de ce voyage de transformation, l'âme est passée de l'état actif au stade passif par l'action surnaturelle de la grâce de Dieu ou, pour exprimer la même chose en terminologie advaïtique, elle est parvenue au point où la « Réalité se révèle elle-même ». Le raja-yoga n'éprouve pas la moindre difficulté à accepter les dogmes chrétiens et à les considérer comme l'une des infinies possibilités qu'utilise l'Éternel pour permettre au disciple de le contempler.

C'est avec la plus grande prudence que nous allons établir la distinction entre les termes de « contemplation » et « contemplation infuse » dont se sert saint Jean de la Croix. Le premier désigne l'état dans lequel le disciple « a cette connaissance, ou vue amoureuse de Dieu d'une façon générale ». Ce stade est antérieur à celui de la contemplation infuse et postérieur à la méditation discursive ; la conscience contemplative est une connaissance identifiée à l'amour dont l'équivalent védântique est, en sanskrit, *asti-bhâti* (existence-connaissance, ou *sat-chit*). C'est également *priya* (ou *ânanda*) c'est-à-dire l'amour. Cette connaissance ou vue amoureuse de Dieu (*priya*) est identique à l'intuition métaphysique. Sans avoir tout d'abord une ferme conviction intellectuelle, notre engagement dans la vie spirituelle ne saurait être intégral. Les réactions de l'affectivité sont changeantes, mais les convictions intellectuelles, nées de la *buddhi* (intuition intellectuelle) et sanctionnées par elle, sont permanentes car, par les opérations de la *buddhi*, de l'intuition intellectuelle, nous pénétrons dans des régions universelles. Le particulier est le champ des réactions émotives, véritable pépinière d'erreurs. Tandis que l'intuition intellectuelle, où opère la *buddhi*, devient Dieu par participation, pour employer les paroles de saint Jean de la Croix. La *buddhi* dont il est question ici n'est pas la *buddhi* individuelle de l'*antahkarana* (organe interne), mais la lumière même de l'Éternel qui vient frapper le *chitta* (substance mentale), et, au lieu de laisser le pouvoir de *mâyâ* projeter la multiplicité, cette *buddhi* supérieure lui permet de briller dans toute sa gloire. La *buddhi* inférieure de l'*antahkarana* et réunie à la *buddhi* supérieure constitue le Mahat. La Vérité intellectuelle contenue dans la formule védântique : « Tu es Cela » est le point d'appui des étudiants de l'Advaïta ; mais dans les traditions dualistes, la conviction intellectuelle demeure tout aussi nécessaire. Dans la tradition chrétienne, c'est le moment où la contemplation commence à intervenir ; lisons ce que le saint nous dit au sujet de cette connaissance ou vue générale de Dieu :

> Car si l'âme n'avait pas encore cette connaissance et cette présence de Dieu, il s'ensuivrait qu'elle ne ferait rien et qu'elle ne saurait rien : et, en effet, après avoir abandonné la méditation qui l'aide à discourir par ses puissances sensitives, s'il lui manque aussi la contemplation, ou connaissance générale dont nous avons parlé et où elle tient en activité ses puissances spirituelles, la mémoire,

l'entendement et la volonté, qui sont déjà unis dans cette connaissance toute faite et possédée, elle serait nécessairement privée de tout exercice par rapport à Dieu ; car l'âme ne peut ni agir, ni recevoir, ni conserver ce qu'elle a acquis, si ce n'est par la voie de ces deux puissances sensitive et spirituelle. ... Il est donc nécessaire pour elle de posséder cette connaissance générale avant d'abandonner la voie de méditation et de raisonnement. ... Cette connaissance dont nous parlons... l'âme ne la voit pas et ne la sent pas... Aussi l'âme manquant des connaissances qui sont fournies par l'entendement et les sens selon leurs capacités habituelles ne les sent plus. Elle n'a plus sa sensibilité habituelle... bien que cette connaissance soit plus pure, plus simple, plus parfaite, elle est moins sentie de l'entendement et lui paraît plus obscure... Au contraire, quand elle se trouve dans un entendement moins pur et moins simple elle lui paraît plus claire et plus importante ; parce qu'elle est alors investie, mélangée, enveloppée de quelques formes intelligibles, il est plus facile à l'entendement et aux sens de s'y arrêter... Cette connaissance générale dont nous parlons, se communique avec tant de pureté et de simplicité, et dans un dégagement et éloignement si complet de toutes formes intelligibles qui sont les objets propres de l'entendement, que l'entendement ne la sent pas, ne la voit pas. Parfois même, quand cette connaissance est plus pure, elle aveugle l'entendement parce qu'elle le prive de ses lumières habituelles, de ses représentations ou images, et alors il se rend bien compte des ténèbres où il se trouve.

L'état de contemplation décrit ci-dessus correspond au stade final de *dhyâna* selon la méthode du yoga ; à ce degré le mental est tourné vers l'Idéal qui incarne la Foi. Si nous avons suivi attentivement la lecture de l'œuvre de saint Jean de la Croix, nous comprendrons que le mot « Foi » concentre une grande richesse de signification capable de satisfaire à la fois notre cœur et notre esprit. Selon l'interprétation de saint Jean de la Croix, la Foi est l'équivalent de la plus haute connaissance. Nous profitons de l'occasion qui nous est offerte ici pour faire une remarque à ce sujet. Nous avons souvent entendu dire par des personnes ayant quitté l'Église Catholique qu'elles avaient renoncé au Christianisme faute d'y avoir trouvé une voie d'approche rationnelle et intellectuelle. Pour ces personnes, l'ensemble du Christianisme se borne à une dévotion dirigée vers le salut. Cependant, si nous réfléchissons à la notion de « connaissance générale » telle que le saint nous l'enseigne, en tant que facteur nécessaire avant l'abandon de la méditation, nous y découvrons une base solide où la *buddhi* guide notre approche vers la Réalité. En toute comparaison nous devons agir loyalement et ne pas prendre le meilleur de notre côté pour l'opposer au pire du camp adverse : il faut prendre le meilleur de chaque côté afin de les comparer. Lorsque nous parlons d'une voie de la connaissance dans la tradition chrétienne, nous devons prendre pour notre étude des mystiques qui, tel saint Jean de la Croix, représentent réellement cette voie, et chez qui la notion de FOI n'est pas seulement un dynamisme émotionnel, mais aussi une flèche pointée vers l'Intelligence suprême — cet autre nom de la Réalité ou Dieu. Pour certains mystiques cette méthode d'approche est l'éveil de la mémoire pré-adamique, éveil provoqué non par l'homme, mais par la grâce de Dieu. Cet éveil ne peut jamais être atteint au moyen de l'intellect ou de la dialectique, puisque l'intellect est vicié par le péché originel. Selon le mode d'expression védantique l'intellect se meut dans l'ignorance (*avidya*), la Connaissance (*vidya*) ne peut surgir d'un mouvement de l'ignorance.

D'une manière générale, lorsque nous employons le mot « foi », nous portons notre attention sur nos réactions émotives ; mais la signification que donne saint Jean de la Croix à ce terme correspond en *sanskrit* à *shraddhâ*, dont l'étymologie s'énonce ainsi : *srat* a le sens de VÉRITÉ. La Foi et la Vérité sont donc synonymes. Lorsque nous faisons usage du mot « Vérité », la réaction provoquée en nous prend sa source dans l'intelligence. Nous constatons que, *dans le yoga de saint Jean de la Croix, la Foi prend la place occupée par l'Ishtam sur lequel médite le disciple qui suit la voie expérimentale du yoga.* La Foi et la Révélation chrétienne sont identiques, et nous pouvons dire que ces deux termes sont interchangeables ; ainsi Jésus-Christ incarne la Révélation. Pour la tradition indienne, bien que le Guru et l'Ishtam soient tout d'abord conçus séparément, le disciple doit à un moment donné réaliser la fusion du Guru dans l'Ishtam, ainsi que Çrî Râmakrichna l'a expliqué. La méditation sur Jésus-Christ est une méditation sur la Foi. La notion de Foi contient une charge dynamique d'« intelligence », et c'est ce que le saint nous suggère lorsqu'il réclame du disciple « cette connaissance générale » destinée à devenir — grâce à la connaissance de ce qui doit être fait et de ce qui doit être évité, — la charpente de l'intelligence. Saint Jean de la Croix témoigne de la même exigence dont fait preuve la *Bhagavad-Gîtâ* : « Que les Écritures soient donc l'autorité déterminant pour toi ce qui doit être fait et ce qui ne doit pas être fait. » Une intelligence profonde est nécessaire pour comprendre les Écritures et pour savoir trouver ce qui doit être fait ou évité. Les connaissances universitaires ne sont ici d'aucune utilité. Frère Laurent, Latu Maharaj ou Hui Neng n'avaient aucune érudition. L'intelligence dont nous parlons est un don gratuit ; dès qu'elle s'éveille dans l'âme — serait-ce d'un illettré — le muet devient éloquent et l'ignorant devient érudit. Saint Jean de la Croix estime que le disciple doit posséder cette connaissance générale avant d'abandonner la voie de la méditation.

Étudions maintenant sa conception de la méditation.

III

Dans l'ordre du processus spirituel, la méditation est antérieure à la contemplation infuse. Avant d'aborder notre sujet, considérons une question très importante du point de vue du yoga : jusqu'où saint Jean de la Croix accepte-t-il le rôle du Guru et de l'Ishtam ? Le Guru est le guide spirituel, or un guide est nécessaire pour parcourir une voie difficile. En s'engageant sur la voie spirituelle le disciple affronte une épreuve terrible qui consiste à réduire à néant sa propre individualité, la réalisation du but, annoncée par le saint au chapitre XXVI de *La Montée du Carmel*, exige la présence d'un guide, d'un Guru.

> Le lecteur doit toujours se rappeler l'intention et la fin que je me suis proposées en écrivant ce livre ; mon but a été de diriger l'âme au milieu de toutes les connaissances naturelles et surnaturelles, de la tenir à l'abri des illusions et des difficultés dans la pureté de la foi pour parvenir à l'union divine.

Telles sont les propres paroles de saint Jean de la Croix. Dès son prologue, il précise que ce chemin est très difficile et que, dans cet ouvrage, il ne s'adresse pas au grand public :

> D'ailleurs mon intention principale n'est pas de m'adresser à tous en général, mais bien à quelques personnes, aux religieux et religieuses de la réforme de Notre Dame du Carmel... Dieu leur a fait la grâce de les placer dans le sentier de cette montagne, comme ils sont dépouillés complètement des biens de ce monde, ils comprendront mieux cette doctrine de la nudité d'esprit.

La doctrine de la Nuit obscure n'est pas une pratique à la portée de tout le monde. Elle est réservée à ceux qui ont entendu l'appel du Seigneur :

> Abandonne tout et suis-moi. — Si quelqu'un veut suivre mon chemin, qu'il se renonce, qu'il prenne sa croix et qu'il me suive. Parce que celui qui veut sauver son âme la perdra et celui qui la perdra par amour pour moi la sauvera (Mc, VIII, 34-35).

Et saint Jean de la Croix cite la Genèse, l'histoire de Jacob gravissant le mont Béthel pour y ériger un autel et offrir à Dieu un sacrifice ; Jacob imposa trois conditions à ceux qui le suivirent : la première, renoncer aux dieux étrangers ; la seconde, se purifier ; et la troisième, changer de vêtements.

La première condition implique le renoncement à tous sentiments affectifs qui s'adresseraient à d'autres qu'à Dieu. La seconde est la purification par la Nuit obscure de l'âme, c'est-à-dire le renoncement de toutes les tendances enracinées dans les attachements sensuels. L'âme doit se mortifier elle-même par une sévère discipline, elle doit avoir le contrôle de tous les appétits des sens et elle doit se repentir de toutes ses erreurs passées. La troisième condition, qui consiste à changer de vêtements signifie que l'âme doit se transformer elle-même. Dans les deux premières conditions, l'initiative humaine est nécessaire, mais la troisième — changer de vêtements — est l'œuvre de Dieu : « Dieu Lui-même les remplace par des vêtements nouveaux. Il dote l'âme d'une nouvelle faculté de connaître et d'aimer Dieu en Lui-même. » Le disciple ne sait comment endosser ces vêtements nouveaux, ici l'aide du Guru est essentielle. De plus, le chemin parcouru par le disciple est à l'encontre de la chair, selon les paroles du saint, c'est une voie surnaturelle, qui mène à une autre nature transformée et transfigurée. Il prêche un idéal monastique. Voici une citation de saint Paul tirée de la fin du chapitre XVII (2e volume) de *La Montée du Carmel* :

> Une chose certaine, mes frères, c'est que le temps est court ; par conséquent que ceux qui sont mariés soient comme ceux qui ne le sont pas ; que ceux qui pleurent soient comme ceux qui ne pleurent pas ; que ceux qui se réjouissent soient comme ceux qui ne se réjouissent pas ; que ceux qui achètent soient comme ceux qui ne possèdent pas ; que ceux qui usent de ce monde soient comme ceux qui n'en usent pas.

Seul un guide sûr peut diriger l'âme vers sa destinée finale. Qui est le Guru des chrétiens en route vers la perfection ? C'est la sainte Église. L'Église catholique est beaucoup plus qu'une organisation de fidèles, comme par exemple la *sangha* bouddhiste, il s'agit là d'une notion plus haute. En effet, nous considérons la sainte Église comme l'incarnation de la Foi, comme un Être vivant, c'est d'ailleurs ce qu'indique le genre féminin qu'on lui applique lorsqu'on dit : « Notre Mère l'Église ». Elle est la médiatrice entre l'âme et Dieu. Son rôle est identique à celui de la déesse Çrî dans la tradition vichnouïte. Il est intéressant d'établir un parallèle entre cette conception de l'Église et la notion vichnouïte de Krichna, l'Éternel masculin, et de Râdhâ, l'Éternel féminin. Selon la tradition vichnouïte, la totalité du monde manifesté (ou créé) est *prakriti*, c'est-à-dire féminin. Précisons cependant qu'il ne s'agit nullement de question de sexe individuel, mais de symboliser les principes positif et négatif. Le principe éternel intransitoire Purusha est représenté par le masculin, c'est le principe positif, tandis que l'Éternel féminin représente le transitoire (*prakriti* ou *mâyâ*), c'est le principe négatif (notons au passage le sens étymologique du mot *mâyâ* : ce qui change et ne demeure jamais le même). Tout ce qui appartient à *mâyâ* participe à son aspect impermanent, transitoire ; ainsi donc tout ce qui appartient à ce monde manifesté exprime le principe négatif, le changement : tout est féminin. Cette théorie est celle de l'école vichnouïte de Çrî Krichna Chaïtanya. La libération ou Mukti n'intervient qu'au moment où le fidèle perçoit le Principe masculin, symbolisé par Krichna, comme le Principe actif en toute chose. Le *jîva* (l'âme), plongé dans l'ignorance, croit qu'il est lui-même l'agent, l'auteur de ses actes, alors qu'en réalité, seul le Principe cosmique éternel travaille en chacun de nous. Comment obtient-on cette réalisation ? On ne peut y parvenir autrement que par la grâce de Çrî Râdhâ, l'Éternel féminin. Les *gopis* qui entourent Râdhâ et Krichna sont les âmes. Chacune d'entre elles doit se « *transformer* » en Râdhâ, l'Éternel féminin, et pour cela se contempler dans le miroir de Râdhâ. Chacun de nous devra un jour abandonner l'idée d'être « celui qui agit » ; c'est là une transposition de l'enseignement de saint Jean de la Croix lorsqu'il nous engage à plonger l'entendement, la mémoire et la volonté dans la Nuit obscure. Celle qui nous accorde sa médiation pour nous aider à réduire notre personnalité à « rien » — comme dit saint Jean de la Croix — est le Guru, l'Éternel féminin, et c'est bien le rôle que joue l'Église, elle est la médiatrice. Dans la mythologie indienne, l'Éternel féminin est incarné par Râdhâ, ou Lakshmi, ou Sita dont la grâce métamorphose chaque âme, chaque *gopi* en sa propre forme, en son attitude. Dans la tradition vichnouïte cette doctrine s'appelle : Çrî Tatva, ou Lakshmi Tatva. Ainsi l'Église-Mère est la médiatrice entre l'âme et Dieu, elle joue le rôle de Guru. La sainte Église est le Guru, la sainte Église est la FOI. Lorsque la grâce du Guru est éveillée dans le cœur du disciple, le vieil homme meurt en lui. Nous lisons dans la Gitâ : « Ce qui est la nuit pour tous les êtres est le temps de veille pour le sage qui voit ; ce qui est le temps de veille pour tous les êtres est la nuit pour le sage qui voit ». Le Guru, l'Église, éveille en nous la créature endormie. Les puissances de l'âme sont réduites au silence, la foi devient vivante et l'âme purifiée s'unit à l'Éternel masculin par l'intermédiaire de l'Éternel féminin. Dans son livre *De l'Amour* [6] le Dr H. Benoît écrit, à ce propos, les lignes suivantes :

> Dans le temps ultime de la réalisation, ou réalisation intemporelle, le triangle est constitué autrement ; le pôle passif féminin est représenté par la totalité de l'aspect temporel de l'homme, avec son « soma » et sa « psyché » ; le pôle masculin actif est le Principe créateur qui est au centre de tout être créé, ce qu'on nomme parfois « Esprit », au sens où cet « Esprit » est antérieur à la fois au « corps » et à « l'âme ». L'Esprit pénètre l'organisme psycho-somatique de l'homme, en une ultime union intérieure, en vertu d'une hypostase qui est alors le principe même de l'Amour, ce qu'on appelle en scholastique « Agapê » ou amour actif du Principe Suprême pour sa créature passive. Le résultat de cet acte d'amour est alors le « nouvel homme », l'homme « réalisé », « libéré », réuni au Principe de toute la manifestation.

Cette direction de l'âme par la sainte Église s'accomplit au moyen de la FOI, qui s'exprime par la possession de cette

6. *De l'Amour,* par le Dr H. Benoît, Éd. Courrier du Livre, 1964.

connaissance générale qu'apporte la contemplation. Pour le raja-yoga, l'une des pratiques les plus essentielles est la méditation sur le Guru imaginé dans le cœur du disciple. Dans l'œuvre de saint Jean de la Croix, nous ne trouvons aucune mention spéciale sur la méditation centrée dans ce *chakra* (centre psychique), mais la rigueur de la discipline imposée au disciple pour la purification des émotions, qui constitue la première partie de la *via purgativa*, implique qu'une sévère surveillance s'exerce sur les pulsions dont procède notre affectivité qui, selon les croyances populaires, siège dans le cœur. Nous pensons que l'idée d'abandonner la méditation donnera un choc à nos lecteurs hindous comme, d'ailleurs, à ceux qui sont en contact avec les directives de méditation hindoue, car, pour eux, il est difficile d'admettre qu'on puisse abandonner la pratique de la méditation. Pourtant nous découvrirons dans la lecture d'ouvrages de hautes études vichnouïtes, qu'un temps viendra où même la méditation doit être abandonnée, puisque dans la méditation l'âme est active et que l'activité vient de l'*égo*, ainsi, dans une vue correcte de la spiritualité, ce travail n'a pas légitimement sa place. En effet, si le disciple a progressé, la méditation sur le Guru, c'est-à-dire sur l'Église et ses doctrines, aura frayé un chemin pour la contemplation, et la méditation cessera d'elle-même. Mais la méditation, suivant saint Jean de la Croix, aura servi à créer une habitude d'amour :

> Chaque fois que l'âme produit ce fruit par la méditation elle accomplit un acte... et la multiplicité des actes finit par engendrer dans l'âme l'habitude, de même les actes multiples de ces connaissances pleines d'Amour de Dieu que l'âme a produits arrivent à former l'habitude... Il (Dieu) les met tout de suite dans la contemplation et dans l'amour.

Les actes dont parle le saint s'appellent Kainkarya dans la terminologie des saints vichnouïtes de l'école Prabandha, dans le Sud de l'Inde. Saint Jean de la Croix ajoute que l'amour établit la ressemblance entre celui qui aime et l'objet aimé. L'amour non seulement rend semblable, mais encore assujettit celui qui aime à l'objet aimé. Un long contact est nécessaire avant que l'amour ne vienne à naître, dit encore le saint, et la méditation est le moyen de créer cette habitude. C'est ce que l'école du yoga appelle *smarana et manana* (le souvenir et la réflexion), le courant de la méditation excite l'âme aux actes d'amour. Là où se fixe l'esprit, là est notre trésor. Quand le mental s'accroche à quelque chose, c'est qu'il ne le possède pas, mais c'est, au contraire, la chose en question qui le possède : ainsi nous sommes les esclaves de nos pensées. Comment deviendrons-nous les esclaves de notre pensée de Dieu ? Il nous faut L'aimer, et cet amour ne peut venir que par la force d'une habitude contractée à la suite d'une constante association de notre esprit avec la pensée de Dieu, c'est ce que le yoga nomme *smarana et manana*. Si la sainte Église est le Guru, le disciple doit obtenir la Foi par une méditation constante sur les fondements de cette Foi. Pour interpréter la fonction du Guru sans tomber dans l'hérésie, dans ce que saint Jean de la Croix appelle « une foule d'erreurs et d'imperfections », le disciple doit avoir recours aux conseils d'un directeur de conscience. Toutefois le directeur de conscience ne tient pas place de Guru et saint Jean de la Croix critique amèrement ces directeurs de conscience qui, avec le temps deviennent un véritable danger pour l'évolution spirituelle du disciple ; il exhorte les disciples à trouver de bons directeurs de conscience.

Jésus-Christ occupe indubitablement la place occupée par l'Ishtam dans la tradition du yoga. Saint Jean de la Croix répète souvent « qu'on ne réalise de progrès qu'en imitant le Christ ; Il est la voie, la vérité, la vie. Personne ne va au Père, si ce n'est par le Fils, comme Il le proclame Lui-même ».

Cette sorte de méditation est analogue à celle que pratiquent les étudiants du raja-yoga au moyen de représentations et de visualisations. Le saint décrit d'une manière détaillée les embûches et les dangers que cette méthode présente, elle risque d'éloigner les fidèles de la vérité plus que de les en rapprocher. Au cours d'une minutieuse analyse, saint Jean de la Croix examine ces dangers propres à détourner l'étudiant de son but, et à faire de lui le possesseur de pouvoirs psychiques et occultes que le saint déclare être l'œuvre du démon. C'est exactement la même tentation qui guette ceux qui suivent certaines pratiques de raja-yoga, ils risquent de tomber dans les griffes des pouvoirs (*siddhis*) ce qui, bien entendu, renforce l'*égo* au lieu de le détruire. L'amour pour le Christ se développe en suivant le chemin qu'il a lui-même préparé pour ses disciples et non en s'embarquant dans une aventure d'où ils ne retireront que des pouvoirs surnaturels Ce chemin se rapproche de ce que les Hindous appellent *mânasa puja*. L'adoration et la méditation débutent par une sorte de visualisation de Krichna, de Râma, ou tout autre idéal choisi que le disciple imagine en son cœur. A mesure que la méditation se développe, le centre de l'attention se déplace et glisse de la forme physique de la divinité sur la foi qu'elle représente, le mental est alors plongé, pour ainsi dire, dans cette « connaissance générale » à laquelle le saint donne une si grande importance. Le Seigneur Jésus (l'Ishtam), la Foi et cette « connaissance générale » fusionnent et deviennent identiques. Pour les étudiants du yoga qui pratiquent *dhyâna*, la figure de l'idéal s'identifie avec le contenu du Pranava « OM » dont la signification est la matière de nombreuses *upanishads* et de leurs commentaires. La conception cosmique de cette méditation n'est enseignée et transmise que par initiation. L'initiation n'est pas un rituel mystérieux, nous utilisons ce terme afin d'indiquer qu'il s'agit d'une connaissance qui dépasse le cadre d'une conférence publique et qu'on transmet individuellement. Un psychanaliste dirait qu'un disciple n'est « qualifié » qu'après avoir opéré le transfert. Lorsque le processus de projection est complètement terminé, à la fin de son évolution spirituelle, le disciple découvre que son *âtman* est le *Sarvabhûtâtmabhûtâtma* (Celui dont le Soi est le Soi de tous les êtres vivants), autrement dit qu'il est identique à cet *âtman* auquel il avait jusqu'ici offert son adoration. Pendant la durée de ce processus, l'amour est né entre le Guru et le disciple, un lien émotionnel que saint Jean de la Croix nomme « les fiançailles » entre l'âme et Dieu, c'est la soumission d'amour de l'âme à l'Église (ou au Guru). C'est là que le disciple devient l'esclave du Guru, car saint Jean de la Croix nous enseigne que l'amour, non seulement rend semblable, mais encore assujettit celui qui aime à l'objet aimé. Le terme « initiation » indique une certaine maturité psychologique, puisque la richesse du Guru est transmise au disciple. La notion que nous avons dans l'Inde de l'initiation sous sa forme intensive (non pas le rite ordinaire par lequel chacun d'entre nous reçoit un *mantram* du Guru de la famille, *kula-guru*) est un éveil intérieur suscité par une vraie faim spirituelle. Ce genre de *disksha* (initiation) se différencie nettement des rites initiatiques qui intègrent une personne au sein d'une communauté religieuse, comme par exemple le baptême pour les chrétiens, ou l'investiture du cordon sacré (*upanayanam*) pour les brahmanes. L'initiation supérieure dont nous voulons parler se retrouve dans la Bible, saint Jean de la Croix cite ce passage :

> Si parmi vous il y a quelques prophètes du Seigneur je leur apparaîtrai en songe. Mais il n'y a personne comme mon serviteur Moïse ; il est le plus fidèle qui soit dans toute ma maison. C'est bouche à bouche que je lui parle, et il voit le Seigneur non au moyen de comparaisons, de figures ou d'images, mais *à découvert* (les italiques sont de nous).

Ce type d'initiation, où la réalisation est instantanée et s'accompagne de transmission de connaissance, est très connue dans l'histoire du mysticisme indien. Lorsque Çrî Râmakrichna dit à Swâmi Vivekânanda : « Je vois Dieu comme je vous vois, mais d'une manière beaucoup plus intense », et lors de l'initiation du Swâmi à cette vison [7] Çrî Râmakrichna utilisa les même paroles de transmission, grâce auxquelles le disciple voit le Seigneur, non par un moyen de comparaison, de figures ou d'images, mais à découvert.

Cette méditation n'est pas pour tous. Pour conquérir la Foi

7. Voir à ce sujet mon Liminaire à la *Mândûkyôpanishad*. Adyar, Paris, 1952.

dont parle saint Jean de la Croix il faut d'abord être passé par la *via purgativa.* La généralité des membres d'une communauté spirituelle se contentent de consolations. Saint Jean de la Croix démontre avec véhémence l'erreur de ceux qui cherchent des consolations. Nous tous, dans la vie, avons besoin de compensations, et rares sont ceux qui veulent se libérer de l'emprise congénitale des compensations. Nous essayons de remplacer les compensations de la vie par les consolations religieuses. Ainsi qu'il a déjà été dit, aux yeux de saint Jean de la Croix, la Foi est Connaissance, et dans la Connaissance il ne peut y avoir ce facteur personnel qui domine tout notre système de compensations. Très peu de fidèles parviennent à voir en Jésus-Christ l'incarnation de la Foi qui leur apporte la rédemption des forces compensatrices. Saint Jean de la Croix n'use d'aucun compromis lorsqu'il s'écrie :

> Jésus-Christ est très peu connu de ceux qui se croient ses amis. On les voit, en effet, rechercher en lui les douceurs et les consolations et s'aimer beaucoup eux-mêmes, au lieu de rechercher ses amertumes et ses anéantissements, ce qui serait la marque de l'amour qu'ils lui portent. Quant à ceux qui vivent loin de lui et sont séparés de lui, à ces grands, à ces savants, à ces potentats et aux autres qui vivent au milieu du monde, préoccupés de satisfaire leurs ambitions et leurs désirs de grandeur, comment pourrions-nous dire qu'ils connaissent le Christ... Il n'est pas question d'eux dans cet écrit.

L'acquisition de la connaissance générale est identique à l'acquisition de la lumière surnaturelle. Dans l'état naturel, expression des tendances et puissances de l'âme, l'homme s'identifie aux formes intelligibles qui sont les objets propres de l'entendement. L'état surnaturel, dont parle saint Jean de la Croix, correspond à la notion védantique du Purusha permettant lui-même au disciple de le contempler, et nous avons déjà indiqué à ce sujet que, suivant le point de vue hindou, les possibilités de l'Éternel sont infinies. C'est d'ailleurs l'enseignement qu'expose la *Bhagavad Gîtâ* (ch. IX, vers. 15), où la Réalité est conçue dans son Unité, distincte de l'âme, et comme le Multiple omniprésent. Un peu plus loin, aux versets 17 et 18 du même chapitre, nous lisons :

> Je suis le Père de l'Univers, la Mère, le Soutien, l'Ancêtre, le très Saint, que nous devons apprendre à connaître, la Parole du Pouvoir et aussi les trois Védas. — Je suis la Voie, l'Époux, le Seigneur, le Témoin, la Demeure, le Refuge, l'Amant, l'Origine, la Dissolution, la Fondation, le Trésor, la Semence impérissable.

Pour le dogme chrétien, il n'y a qu'une position, celle que nous avons déjà citée : « Dieu est Trinité en Personnes et Unité en nature, c'est ainsi que la Foi nous le propose ». Dans l'état surnaturel, il y a

> un dégagement et un éloignement si complet de toutes formes intelligibles qui sont les objets propres de l'entendement, que l'entendement ne la sent pas et ne la voit pas (la connaissance). ...Parfois même... quand cette connaissance est plus pure, elle aveugle l'entendement, parce qu'elle le prive de ses lumières naturelles, de ses représentations ou images, et alors il se rend bien compte des ténèbres où il se trouve.

Du point de vue de l'entendement l'obscurité est complète, tandis que du point de vue de la connaissance tout est lumière... Dans une étude sur le raja-yoga de saint Jean de la Croix, les passages suivants sont de la plus grande importance :

> Mais quand cette lumière ne se communique pas à l'âme avec tant de force, elle ne sent pas les ténèbres, elle ne voit pas la lumière ; elle ne perçoit rien de ses connaissances d'ici-bas et de là-haut ; aussi elle se trouve parfois comme dans un oubli si profond qu'elle ne sait ensuite ni où elle était ni ce qu'elle a fait ; la notion du temps semble avoir disparu pour elle... Et, comme cette connaissance est pure et limpide, elle fait que l'âme à laquelle

elle se communique est simple, pure, limpide, dégagée de toutes les conceptions ou images des sens et de la mémoire par lesquelles elle agissait dans le temps, et elle laisse l'âme dans l'oubli et en dehors de la notion du temps... Telle est l'*oraison* dont il est dit qu'elle pénètre les cieux parce qu'elle n'est pas dans le temps. Elle pénètre les cieux parce que l'âme est alors unie à Dieu par son intelligence devenue céleste ; aussi cette connaissance laisse-t-elle dans l'âme, quand elle revient à elle-même, les effets qu'elle y a produits sans qu'elle s'en aperçoive et qui sont l'élévation de l'esprit à l'intelligence des choses de Dieu, le détachement et l'éloignement de toutes les choses de la terre, de leurs formes, figures et jusqu'à leur souvenir.

La description de cette oraison correspond, pour un yogi, à un certain type de *savikalpa-samâdhi* (état d'union où subsiste encore la dualité).

Dans le même chapitre, saint Jean de la Croix cite le sommeil de l'Épouse des Cantiques, un des effets produits en elle par ce sommeil est l'oubli, c'est-à-dire cet état d'absence dû à la Connaissance, elle dit alors : « *Nescivi* » « je ne savais » d'où me venait cette faveur... « Sans doute l'harmonie des puissances de l'âme est suspendue, mais son intelligence est dans l'état dont nous avons parlé. Voilà pourquoi l'Épouse des Cantiques se répondit à elle-même pour résoudre cette difficulté : « *Ergo dormio, et cor meum vigilat,* » « bien que je dorme selon mon état naturel (en cessant d'agir), cependant mon cœur veille » parce qu'il est élevé surnaturellement à une connaissance surnaturelle. La preuve à laquelle on peut connaître que l'âme est occupée à cette connaissance secrète consiste en ce qu'elle ne goûte aucun plaisir dans les objets créés inférieurs ou supérieurs. » Arrêtons un instant notre pensée sur sœur Élisabeth de la Trinité qui, de nos jours, réalisa le sens de *Nescivi.* Nous ne voulons pas laisser échapper cette occasion d'établir la comparaison entre l'état de l'âme endormie, tandis que le cœur est éveillé, et ces quelques lignes du *Vivekaçudamani* :

> Celui dont le mental est absorbé en Brahman — qui conserve néanmoins une entière vigilance, qui, en même temps, s'est affranchi de toutes les caractéristiques de l'état de veille — celui-là, on le considère comme un *jivan mukta*.

Cet ouvrage est un texte de l'*advaïta*, la substance de la foi qu'il enseigne est, certes, différente de celles enseignées par les systèmes dualistes, pourtant, nous constatons que toutes les descriptions concernant les hommes de réalisation ont des affinités certaines.

Lorsque le débutant s'aperçoit, d'après ces descriptions que

> l'âme n'est pas occupée paisiblement dans cette connaissance, on devra profiter de la méditation discursive... Quand on dit qu'elle reçoit la lumière qui lui est communiquée surnaturellement, on veut dire qu'elle comprend passivement ; quand on dit qu'elle n'agit pas, ce n'est pas qu'elle ne comprenne pas, mais parce qu'elle comprend ce qui ne lui a coûté aucun effort de son industrie personnelle. Quand le moment est venu et que l'âme a abandonné derrière elle son industrie personnelle, si d'anciennes tendances reviennent et la pressent et qu'elle reprend intérêt à la méditation d'objets particuliers, cela ne lui sera d'aucun profit et ne sera autre chose qu'un obstacle à cette lumière générale de l'esprit...

Dans cet ouvrage, saint Jean de la Croix énonce une vérité spirituelle de la plus haute importance pour tous :

> L'homme adonné à la vie spirituelle doit donc se tenir dans une attention amoureuse pour Dieu et conserver dans la paix son entendement, lorsqu'il ne peut méditer, alors même qu'il lui semblerait ne rien faire.

Saint Jean de la Croix donne, pour ce stade où la méditation discursive quitte l'âme, un conseil de valeur :

> Mais qu'il veille à ne pas interposer des considérations, des images, des méditations ou quelques raisonnements pour ne pas troubler l'âme et la priver du contentement et de la paix dont elle jouit ; ce serait la jeter dans l'agitation et la gêne.

Pour conclure le chapitre XIII du second volume, le saint cite ces paroles de David :

> Apprenez à être dégagé de tout (intérieurement et extérieurement), et vous verrez que je suis votre Dieu.

IV

La Nuit obscure opère de trois manières : la Foi place l'entendement dans la Nuit ; l'Espérance place la mémoire dans la Nuit ; et la Charité (ou l'amour) place la volonté dans la Nuit. Saint Jean de la Croix peut, à juste titre, être considéré comme l'un des plus grands raja-yogins, c'est lui qui a découvert la voie opératoire qui consiste à plonger dans la Nuit les trois puissances de l'âme : l'entendement, la mémoire et la volonté au moyen de la Foi, de l'Espérance et de la Charité. Nous avons déjà insisté sur l'importance de la Foi chrétienne dans le plan d'ensemble de la Nuit obscure de saint Jean de la Croix ; selon ses conceptions, nous avons constaté que la Foi et la doctrine de la sainte Église étaient une seule et même chose, puis nous avons identifié la place qu'occupe la sainte Église avec celle du Guru. Essayons maintenant d'approfondir davantage tout ce qu'implique la Foi dans son œuvre.

Saint Jean de la Croix cite les paroles de saint Paul :

> La Foi est une ferme assurance des choses qu'on espère, une démonstration de celles qu'on ne voit pas. La Foi est la substance des choses que nous espérons et, bien que l'entendement y adhère avec fermeté et certitude, elles ne sont pas dans le champ de celles qu'il découvre, parce que, s'il les découvrait, ce ne serait plus la Foi. Car,

> bien que la Foi donne la certitude à l'entendement, elle ne lui rend pas l'objet manifeste, elle le laisse au contraire dans l'obscurité.

La Foi ne peut être mise à découvert par l'entendement humain ; sa lumière ne brillera pas dans l'âme avant que l'entendement n'ait été enseveli dans la Nuit. Nous avons déjà vu que, pour le yogi, cet état est celui où le mental est purgé de ses modifications (*vrittis*). Voici ce que saint Jean de la Croix entend par une Foi fermement établie :

> L'entendement doit, pour se préparer à l'union divine, être dégagé et purifié de tout ce qui peut lui venir par les sens, dépouillé de tout ce qu'il pourrait connaître clairement, placé dans un calme profond, exempt de toute activité naturelle, en un mot, établi dans la Foi.

Un peu plus loin il dit encore :

> Elle seule est le moyen prochain et proportionné pour l'union de l'âme à Dieu, car la ressemblance entre elle et Dieu est si grande qu'il n'y a pas d'autre différence entre voir Dieu et croire en Dieu.

Ainsi la Foi est aussi une *vision*, c'est ce que la tradition indienne exprime par l'ouverture du troisième œil. L'entendement n'est pour rien dans cette vision ; elle s'éveille dans le cœur du disciple par la grâce du Guru. Suivant saint Jean de la Croix, la sainte Église, et elle seule, accorde cette vision. *Le disciple doit renoncer complètement à sa manière de voir personnelle.* La tradition indienne offre la même intransigeance, l'obédience au Guru est absolument essentielle. Les paroles de Çrî Râmakrichna, selon lesquelles on doit éprouver le Guru, s'appliquent seulement avant l'acceptation du Guru ; une fois le choix fait, la soumission est inconditionnée. La tradition catholique est exempte des difficultés auxquelles se heurtent les Hindous pour le choix du Guru puisque l'Église est l'unique Guru, c'est elle qui a la charge d'interprêter la Foi. On reçoit la Foi par l'audition ; saint Jean de la Croix nous dit que :

> La Foi vient de l'audition et l'audition de la Parole du Christ (Rom., X, 17) — c'est comme s'Il disait : la foi n'est pas une science qui s'acquiert par un sens quelconque ; elle n'est que l'acquiescement de l'âme à ce qui lui vient par l'ouïe... Les autres sciences s'acquièrent avec la lumière de l'entendement ; celle de la foi s'acquiert sans cette lumière ; il faut même faire le sacrifice de cette lumière particulière pour ne point perdre celle de la foi. — Si vous ne croyez pas, vous ne comprenez pas (Is., VI, 3).

Ainsi la Foi jaillit de l'audition, c'est-à-dire de la *çruti.* La Brihadaranyaka Upanishad enseigne qu'il faut d'abord entendre la vérité, ensuite il faut y réfléchir et enfin la réaliser. La méditation que recommande l'Upanishad se rapproche beaucoup de celle enseignée par la tradition de saint Jean de la Croix, ni pour l'une ni pour l'autre des deux traditions l'Absolu ne peut devenir l'objet de la pensée. Cette méditation ouvre la voie vers la réalisation. Saint Jean de la Croix cite souvent l'affirmation de la Bible sur l'impossibilité où se trouve l'homme de voir Dieu : « L'homme ne peut pas me voir sans cesser de vivre. » Rappelons-nous les paroles de saint Jean de la Croix lorsqu'il identifie vision et foi ; cette vision, sans rapport avec la vision ordinaire, consiste en une appréhension supra-mentale de la substance de la Foi, elle demeure complètement indépendante des opérations de l'entendement. Nous avons déjà vu que la Foi et la connaissance sont une seule et même chose, ainsi cet ordre de vision n'appartient en aucune façon à l'expérience sensible. Citons une fois de plus ces lignes de saint Jean de la Croix : « La Foi est l'acquiescement de l'âme à ce qui vient par l'ouïe. » La révélation des Écritures est donnée au disciple par la bouche du Guru (l'Église), le disciple doit être prêt à se soumettre entièrement aux paroles reçues (la *çruti*). Les écrits de la *çruti* chrétienne — la substance de la Foi — telle que saint

Jean de la Croix l'a formulée, est une connaissance intuitive transmise par les mots et reçue par l'audition. L'ouïe a une supériorité sur la vue. En effet, les yeux perçoivent les formes, celui qui se laisse capturer par les formes tombe dans l'idolâtrie, tandis que l'audition provoque la connaissance. Seule la parole des Écritures contient la Connaissance (*para-vidya*) ; cette connaissance supérieure a un caractère universel, elle n'est jamais polluée par l'idolâtrie, elle n'est pas davantage à la portée de tous, et l'un des traits spécifique de cet âge de Kali-Yuga est la tentative de démocratiser la Connaissance, tentative impuissante d'ailleurs, car jamais la Connaissance ne s'obtiendra comme un droit électoral ou le suffrage universel. Une certaine maturité de compréhension est la première qualité requise, cette dernière est le fruit de la *via purgativa.* La purification du mental transforme la Foi en connaissance, puis, suivant saint Jean de la Croix, la connaissance opère sur le mental la destruction du pouvoir imaginatif et fantaisiste (*samkalpa et vikalpa*) et par là dévitalise le mental, autrement dit, la purification du mental au cours de la méditation discursive détruit la faculté de projection et d'imagination. Si ce processus est correctement conduit par un directeur de conscience avisé, le pouvoir du mental diminue progressivement, son champ d'action se réduit de plus en plus jusqu'à disparaître totalement. Pour soutenir sa thèse, saint Jean de la Croix cite de nombreux textes bibliques, par exemple David :

> L'obscurité était sous mes pieds ; il s'est élevé au-dessus des chérubins, il a volé sur les ailes des vents. Il a pris les ténèbres pour sa retraite, autour de lui il a placé comme une tente l'eau ténébreuse des nuées du ciel...

Tout cela indique l'obscurité de la Foi. Puis il cite Salomon :

> Le Seigneur a promis de demeurer dans la nuée... Toutes les fois où Dieu fit des apparitions solennelles, Il s'est montré dans la nuée...

Ensuite cette citation du livre de Job :

> Dieu lui parla au sein d'une nuée obscure... Ces ténèbres signifient toute l'obscurité de la foi dans laquelle s'enveloppe la divinité pour se communiquer à l'âme... Dieu est ténèbre pour notre entendement. La Foi est ténèbre et obscurité pour notre entendement.

L'action de la Nuit obscure porte tout d'abord sur ce que saint Jean de la Croix appelle les « deux sens corporels intérieurs », c'est à dire l'imagination et la fantaisie. C'est ce que le yoga nomme *samkalpa et vikalpa.* Et saint Jean de la Croix poursuit :

> L'un produit une sorte de raisonnement imparfait, l'autre forme l'image conforme à l'objet représenté... C'est à ces deux puissances que se réfère la méditation qui est un acte discursif aidé par les images, formes et figures qui sont fabriqués et formés par les sens. Il en est de même aussi quand nous nous représentons Notre-Seigneur Jésus-Christ crucifié, attaché à la colonne ou souffrant dans une autre scène de sa Passion, quand nous considérons Dieu assis sur son trône et environné d'une grande majesté, ou encore quand nous imaginons la gloire du ciel comme une lumière incomparable, ou quoi que ce soit d'humain ou de divin. Or l'âme doit rejeter toutes ces imaginations ou représentations et demeurer dans l'obscurité par rapport à ses sens intérieurs si elle veut parvenir à l'union divine.

Puis, un peu plus loin :

> Ceux donc qui se représentent Dieu sous quelqu'une de ces images, ou celle d'un feu dévorant, d'une lumière éclatante ou de quelqu'autre forme, et qui croient par là acquérir quelque ressemblance avec lui, s'en éloignent au contraire beaucoup.

Ici, il s'agit de la méditation et de la concentration, c'est un sujet que le yoga a minutieusement exploré. Patanjali nous parle des différents objets de méditation qui ont pour but de rendre le mental capable de se concentrer intensément. Le cinquante et unième *sutra* du premier chapitre expose la méthode d'entraînement pour obtenir le *samâdhi* « sans semence » (*nirbija-samâdhi*). Le disciple ne touche son but qu'après avoir détruit l'attachement à l'égard de toutes les catégories de concentration et de méditation. Dès que le contrôle des *samkalpas* et *vikalpas* est total, aucun genre de représentation ne se produit plus. A ceux qui ne sont pas encore initiés à un degré supérieur de la vie spirituelle et aux débutants, saint Jean de la Croix accorde la permission d'utiliser certaines représentations et méditations afin, nous dit-il,

> d'enflammer peu à peu leur amour et donner à leur âme un aliment par le moyen des sens... Mais elle doit se contenter d'y passer et veiller à ne pas s'y fixer, parce qu'alors elle n'arriverait jamais au terme qui n'a aucun rapport avec ces moyens éloignés et n'a rien à voir avec eux... Ces moyens sont comme les degrés d'un escalier... Ils ne sont que des moyens pour y monter... Nous ne devons pas penser que l'Être divin est semblable à l'or, à l'argent ou à la pierre précieuse bien travaillée, ou à l'imagination de l'homme (Act, XVII, 9).

C'est ainsi que saint Jean de la Croix s'adresse aux débutants qui, après avoir employé ces représentations, s'y attachent et n'essaient pas de les dépasser. Désespéré, il s'écrie : « Si tout n'était que moyen, où et quand jouirait-on de la fin et du terme ? » Puis le saint parle du stade de la vie spirituelle pendant lequel il faut s'adonner à

> l'oraison discursive au moyen des représentations, images, formes et figures dont nous avons parlé ; car il ne faut les abandonner ni plus tôt ni plus tard que ne le demandent les dispositions de l'âme. Il convient de les quitter à temps pour qu'elles n'empêchent pas

> l'âme d'aller à Dieu, il est également nécessaire de ne pas abandonner avant le temps la méditation imaginaire, sous peine de retourner en arrière... les opérations des puissances... servent cependant aux commençants de moyens éloignés pour disposer et préparer leur esprit par les sens aux choses spirituelles ; elles servent également à écarter en passant toutes les autres formes ou images grossières, matérielles, mondaines et naturelles.

Toutes ces remarques prouvent à quelle profondeur plongent les connaissances de la vie spirituelle de saint Jean de la Croix. Chez nous, la méthode du yoga emploie la concentration et la méditation en vue de détourner le cours du mental des sujets mondains. Puisque le vagabondage du mental ne peut suspendre ses imaginations et ses fantaisies, qu'il s'occupe au moins à des imaginations et à des fantaisies dont le contenu soit d'ordre spirituel. Çrî Ramana Maharshi nous raconta un un jour l'anecdote suivante : l'agitation, l'imagination et l'indiscipline du mental sont telles qu'on le compare à un éléphant dont la trompe sans cesse en mouvement brise une branche ici, puis une autre là sur l'arbre auquel il est attaché. Afin d'empêcher l'animal de faire trop de dégâts, on place une chaîne sur sa trompe. Aussitôt l'animal commence à jouer avec sa chaîne. Il en est de même pour l'imagination et la fantaisie que l'on distrait avec un sujet spirituel. Le mouvement de la trompe de l'éléphant ne s'arrête pas, son imagination est la même qu'auparavant, mais le subterfuge de la chaîne permet de limiter les dégâts...

Saint Jean de la Croix donne ensuite une description détaillée de trois signes qui indiquent à l'âme que le moment est venu d'abandonner la méditation discursive accompagnée de représentations et d'images. 1° L'âme découvre qu'il lui est devenu impossible de méditer, elle n'y trouve plus ni goût ni suavité, mais seulement sécheresse. 2° Elle n'éprouve plus aucune envie d'appliquer son imagination et ses sens à aucun des objets extérieurs ou intérieurs de la méditation ; non pas que la faculté imaginative cesse de fonctionner, mais elle n'éprouve plus le désir de l'appliquer *à dessein* sur ces objets. 3° Ce dernier signe est le plus certain, nous dit l'auteur, « L'âme se plaît à se trouver seule avec Dieu, à Le regarder avec amour » ; elle « jouit de la paix intérieure », dans cet état les puissances demeurent inactives, l'âme seulement a cette « connaissance générale et amoureuse de Dieu » dont nous avons déjà parlé. Après avoir reconnu simultanément en elle ces trois signes, l'âme peut, en toute sécurité, abandonner la méditation discursive et entrer dans la contemplation. Toutefois, saint Jean de la Croix insiste sur la prudence nécessaire à cet égard car, dit-il, il faut prendre garde de ne pas confondre la tiédeur et le manque de recueillement avec le premier signe, c'est pourquoi l'âme doit découvrir en elle-même le deuxième signe : n'éprouver aucun désir de s'occuper de choses étrangères à Dieu ; mais cela n'est pas encore suffisant, elle doit être possédée du désir d'être seule avec Dieu. En effet, si l'âme n'a plus de goût pour méditer et qu'elle n'éprouve pas davantage d'attrait pour autre chose, « cet état pourrait procéder de la mélancolie ou de quelque autre humeur provenant de la tête ou du cœur » ... et l'âme pourrait se laisser aller à « goûter les charmes de cet assoupissement ». Lorsque ces trois signes, sans confusion possible, sont simultanément présents dans l'âme, celle-ci découvre que les exercices de méditation préliminaires n'étaient que « l'écorce de la vie spirituelle ».

C'est alors que commence un stade de la vie spirituelle particulièrement difficile. L'homme adonné à la vie spirituelle doit donc se tenir dans une attention amoureuse pour Dieu et conserver dans la paix son entendement, lorsqu'il ne peut méditer, « *alors même qu'il lui semblerait ne rien faire* ». La vie du disciple traverse à ce moment une longue période de forte tension. Il a en effet perdu l'attrait pour la méditation discursive accompagnée d'images et de représentations et pourtant il n'est pas encore parvenu à la contemplation infuse. Il a tout juste la connaissance générale que nous avons déjà longuement étudiée. L'aspirant est protégé des dangers naturels et surnaturels grâce à la discipline que lui impose la Foi (l'Église, le Guru). L'un des dangers que rencontre le *sadhak* sur sa route, nous dit le yoga, et qui risque d'arrêter ses progrès, est certainement l'attrait que peuvent exercer sur son mental les expériences surnaturelles. Combien de gens n'avons-nous pas rencontrés, tant aux Indes qu'en Europe, qui considèrent qu'ils sont très avancés parce qu'ils ont des visions ou d'autres expériences surnaturelles. Pour saint Jean de la Croix, leur seule valeur est la suivante :

> Lorsque l'âme est ainsi disposée par cet exercice naturel, Dieu a coutume de l'éclairer et de la spiritualiser davantage par quelques visions surnaturelles qui sont celles que nous appelons ici imaginaires et qui, nous l'avons déjà dit, produisent de grands fruits dans l'esprit ; car les unes et les autres lui enlèvent graduellement quelque chose de sa grossièreté et le perfectionnent, bien que très lentement.

C'est ici que l'aide du directeur de conscience prend toute son importance afin d'établir avec certitude les expériences que l'âme peut à bon droit accepter et celles qu'elle doit rejeter. Saint Jean de la Croix aborde ce sujet par quelques considérations sur les difficultés que présentent le rôle de directeur de conscience et sur ses rapports avec le disciple. Il dit tout d'abord : « Je comprends qu'il est difficile de dire comment l'esprit du disciple se forme d'une manière secrète et intime sur le modèle de son maître spirituel ». Et, quelques lignes plus loin, il ajoute : « On ne peut expliquer un point concernant le disciple, sans expliquer celui qui concerne le maître. « Ainsi, si le Père spirituel est porté aux visions, s'il y trouve du goût, « il ne pourra manquer d'imprimer à son insu dans l'esprit du disciple ce même goût », et si le disciple a la même inclination d'esprit, il aura la plus grande estime pour ces visions. Quand le confesseur n'a pas la prudence nécessaire pour détourner le disciple et le détacher de ces visions, il lui communique les marques auxquelles on reconnaît les bonnes et mauvaises visions et risque de jeter l'âme dans les dangers et les préoccupations de toutes sortes. Mais il y a plus. Certains directeurs, s'apercevant que les âmes obtiennent des communications avec Dieu, les utilisent pour demander la révélation de tel ou tel secret, et ces âmes obéissent, croyant licite de quémander des révélations par cette voie. Si Dieu exauce leur demande, ils prennent de l'assurance et s'imaginent que Dieu est content de cela, ce qui n'est pas. Quant à eux, ils agissent et croient selon ces révélations et s'attachent à cette manière de traiter avec Dieu. Cependant, il arrive que les faits ne correspondent pas aux révélations ; ils s'en étonnent et se demandent alors si ces révélations venaient de Dieu ou non ; car, selon eux, la révélation aurait dû se réaliser comme ils l'avaient imaginé. « Et c'est là une grande illusion, car les révélations ou les Paroles de Dieu ne se vérifient pas toujours comme les hommes se l'imaginent ou selon le sens des mots ». Saint Jean de la Croix conclut en disant que Dieu n'aime pas ce procédé et qu'Il montre alors son irritation :

> Ce qu'il y a de mieux et de plus sûr, dit-il, c'est de porter les âmes à fuir prudemment de telles communications surnaturelles, et de les habituer, comme nous l'avons dit, à rechercher la pureté dans le dénuement spirituel et l'obscurité de la foi ; c'est là le chemin qui mène à l'union avec Dieu.

En lisant les lignes suivantes, extraites de chapitre XIX, nous croyons entendre un écho de Çamkara. Saint Jean de la Croix nous dit :

> ... si on venait conformément à nos vues, nous proposer certaines communications par une voie surnaturelle, nous ne devrions les recevoir que si elles étaient bien *conformes à la raison et à l'enseignement de l'Évangile.* Dans ce cas on les accepterait, non parce qu'elles viennent par révélation, mais parce qu'elles sont conformes à la raison, et on laisserait de côté tout sentiment relatif à la révélation.

Cette prudence de saint Jean de la Croix est en parfait accord avec les directives que nous avons reçues des disciples directs de Çrî Râmakrichna. Çrî Sarada Devi [8] avait cou-

8. La sainte Mère, la compagne de Çrî Râmakrichna.

tume de recommander à ses enfants spirituels de conserver leur tête fraîche et leur système digestif en bon état. Si le cerveau s'échauffe on devient facilement sujet aux hallucinations. Saint Jean de la Croix estime que, même si les visions proviennent d'une source surnaturelle authentique, il est bon de les rejeter et de ne leur accorder aucune importance ; au lieu de fortifier la foi évangélique, les visions éloignent le mental de la substance de la Foi, car la substance de la Foi dépasse tous les moyens d'expression. Les moines d'un Ordre spirituel ont renoncé à leur famille, à leurs possessions et à leur carrière dans le monde en vue d'un seul but : réaliser Dieu. Lorsque, sous prétexte d'expériences spirituelles, ils deviennent sujets aux visions, aux auditions surnaturelles, etc., sauf quelques rares exceptions, ils ouvrent la voie à la schizophrénie ou deviennent paranoïaques. Ainsi, disait la sainte Mère, par une ironie du sort, justement ceux qui ont voué leur vie à une bonne cause, et leur nombre est plus grand qu'on ne l'imagine, eux dont l'objectif initial était la libération (*Mukti*) s'empêtrent encore plus étroitement dans les mailles du filet de Mâyâ. Si le disciple trouve une direction spirituelle convenable, ces dangers sont évités, mais souvent la vie spirituelle est une évasion devant les responsabilités de la vie, une recherche de compensations artificielles et de consolations qui se termine lamentablement par une affection pathologique. Saint Jean de la Croix a lutté avec force contre l'acquisition à bon marché de ce genre de gloire spirituelle. La doctrine entière du saint est orientée complètement vers ce que le Zen appelle « lâcher prise ». Or les forces surnaturelles qui s'éveillent en nous sont de puissantes griffes qui renforcent la « prise » de l'*égo* au lieu de l'obliger à lâcher.

V

Arrêtons-nous un instant, au cours de notre appréciation comparative du raja-yoga traditionnel de l'Inde et du Maître Yogi de la tradition chrétienne : saint Jean de la Croix. Etudions la place et l'importance d'un exercice assidûment pratiqué par les raja-yogins hindous : le *manasapuja*. Cet exercice consiste en l'adoration d'une image mentale accompagnée de la répétition d'un Nom sacré. Swâmi Brahmânanda [9] ou Çrî Mahapurushji Maharaj, disciples directs de Çrî Râmakrichna avaient coutume de nous conseiller la méditation sur une image spirituelle, ou représentation, et de synchroniser *dhyâna* (la concentration) avec le *japa*, ou répétition du *mantra* reçu du Guru. Saint Jean de la Croix est d'avis contraire, il recommande d'éloigner de l'esprit toutes formes et toutes images. Comment pourrons-nous concilier ces deux attitudes ? La racine de cette contradiction est dans la différence métaphysique qui conditionne le point de vue spirituel des Hindous et celui des Chrétiens ; appliquons-nous donc à saisir correctement cette différence métaphysique. Le processus de la réalisation chrétienne selon la Foi, l'union avec le divin, procède par l'élimination de toutes les formes ; saint Jean de la Croix décrit minutieusement la nature de cette union. L'âme y atteint par dix degrés successifs dont neuf seulement sont accessibles sur cette terre, le dixième, l'état d'union parfaite, est réservé à la gloire céleste de l'âme après la mort.

Le raja-yoga, tel qu'on le pratique aux Indes, enseigne, d'une part une réalisation purement dévotionnelle (*Bhakti*), c'est-à-dire la connaissance des relations entre l'âme et Dieu (si le disciple appartient à une école dualiste) ou la connaissance advaïtique qui restitue à l'homme la mémoire de son identité avec « Cela » (*tat tvam asi* : tu es Cela) si le disciple appartient à l'advaïta ; mais d'autre part, l'enseignement du raja-yoga comprend aussi une connaissance de la Totalité (*sarvam*). La Totalité est le temps et l'espace. Le cadre de toute manifestation : le temps, l'espace et la causalité constituent *mâyâ*. Les conceptions chrétiennes s'efforcent d'atteindre à l'état de transcendance, au delà du temps ou tout au moins, à un état où le temps s'arrête. Le but du raja-yoga de l'Inde consiste à supprimer toutes les modifications du mental et à arriver au *samâdhi* sans semence (*nirbija-samâdhi*) ; ce processus correspond à l'immersion de l'esprit dans la Nuit

9. *Disciplines monastiques,* Swâmi Brahmânanda, Albin Michel, 1979.

obscure. Pour nous, cette expérience apporte la connaissance de la moitié de la Réalité seulement — si toutefois nous pouvons employer cette expression — l'autre moitié est *mâyâ*, le monde manifesté. Le disciple vise maintenant à obtenir la connaissance de *mâyâ*, au lieu de se contenter de la rejeter comme un obstacle. Notre prise de vue du monde, limitée par l'emprise de l'ignorance (*avidya*), engendre à son tour l'ignorance et nous interdit une vue « synoptique » de la Réalité ; ainsi la caractéristique de l'ignorance (*avidya*) est une vision partielle de *mâyâ* et, selon l'école Çakta, *mâyâ* est assimilée à la *Çakti* (énergie) de Brahman, c'est-à-dire la Réalité [10]. Cette vision limitée de l'ignorance suscite les fausses identifications (*adhyasa*) et nous fait prendre la partie pour le tout. Dès que nous aurons accédé à *la connaissance que mâyâ est Brahman*, nous saurons qu'il n'y a aucune différence entre l'Absolu et la manifestation. C'est la conception de *sarvam* et, puisque la Totalité est identique à la *Çakti* de Brahman ou *mâyâ*, cela revient à dire que « la Totalité est Brahman » (*sarvam khaluvidam Brahma*). C'est le sommet de l'enseignement védantique auquel nous conduit le raja-yoga.

La thèse temporaire que pose le Védânta au point de départ de la vie spirituelle est : *Brahma satyam, jagad mithya*, Brahman est la Réalité, le monde est illusion ; et il aboutit au terme de la vie spirituelle à la vérité finale : *sarvam khaluvidam Brahma*, la Totalité (*Shakti*) est Brahman. Voyons maintenant par quel chemin passe le Védanta avant de parvenir à cet aboutissement. Pour entraîner le disciple à la concentration (*dhyâna*) on lui demande de maintenir le mental sur une image ou un objet fixe, et de répéter simultanément un *mantram* (formule sacrée) ; nous allons expliquer la profonde signification métaphysique de ce genre de *dhyâna*. L'objet fixe symbolise l'idée d'espace [11], la notion originelle de l'espace s'éveille en nous en fonction du point de repère, d'un objet fixe, par exemple le soleil, ou toute autre constellation dans le ciel, cette première

10. Voir à ce sujet : *The world as Power* : *Power as Consciousness*, par S. J. Woodroffe. Pub. Ganesh, Madras, 1929.

11. Voir la traduction anglaise du *Nârâyaneeyam*, par Battathiripad Sri Mappathur Narayana, éditions Menon, Indian Classics, Malabar, 1939.

expérience est suscitée par la distance entre deux points fixes, mais nous nous apercevons rapidement qu'un seul point (le soleil) est lui-même constitué d'espace (*desha*, ou *âkâça*). Les briques dont ce mur est construit paraissent séparer l'espace, mais en fait, elles ne sont elles-mêmes qu'une condensation de l'espace. L'éminent professeur Théodore de Karman, une autorité en science aérodynamique, nous a expliqué que, suivant les conceptions de la science moderne la matière n'est autre chose qu'une condensation de l'espace vide. Nous pensons qu'un rapprochement est possible entre ces vues scientifiques et la cosmogonie védantique, puisque, selon l'enseignement du Védânta, l'*âkâça* est « espace vide » et le *prâna* (l'Énergie primordiale ou la *Çakti*) est une condensation de l'*âkâça* [12]. Dans l'Art, on exprime cette conception métaphysique par la danse de Kali. La *Çakti* divine, l'Énergie primordiale danse sur le corps immobile de Çiva, son Époux, l'Immuable, l'Absolu. Sa danse est le temps dans ses multiples manifestations et projette les mondes. L'univers entier n'est rien d'autre qu'une expression de *prâna*, une condensation de l'*âkâça* l'espace vide, simultanément conçu comme l'ultime Réalité. *Prâna* est la totalité de l'univers manifesté. « Les êtres sont non-manifestés en leur origine, manifestés dans l'état intermédiaire, ô Bhârata, et non-manifestés à leur dissolution. « (*B. Gîtâ*, II, 28) La Totalité de cet univers manifesté est Vasudeva : « Une condensation de l'Absolu »... S'il est possible de juxtaposer ainsi deux notions radicalement contradictoires.

Nous allons voir par quel processus la pensée védantique arrive à connaître — en tant que facteur d'expérience — l'*âkâça*, source et origine de toute existence et pénétrant toute chose. La méthode de méditation du raja-yoga utilise certains symboles (*pratikas*). A mesure que la concentration s'intensifie, l'objet de méditation perd sa forme particulière, il se dilate dans le champ de conscience du méditant, par

12. Voir aussi dans la revue *Hommes et Mondes*, de septembre 1952, l'article de Lincoln Barnett sur le physicien Oppenheimer, dont l'« intérêt pour la pensée orientale vient de l'analogie entre les philosophies hindoues et les idées philosophiques développées par la science moderne ».

cette dilatation il pénètre des états de plus en plus subtils, *chittâkaça*, puis *chidâkaça*. L'attachement à une forme déterminée, à l'exclusion de toute autre, est l'idolâtrie. Nous rejoignons ici l'illustration de l'argile envisagée comme matière première ; la capacité de concevoir dans l'argile l'infinie possibilité des formes équivaut à la connaissance de la Forme cosmique, matrice de toutes les formes, essence en laquelle toutes les formes trouvent leur moule. L'attraction vers la Réalité figée en une forme unique à l'exclusion de toutes les autres provient du désir de compensation et résulte de nos fausses identifications. Notre ami, le Dr H. Benoit, a écrit une page fort intéressante sur cette question :

> Nos compensations sont nécessaires à notre réalisation totale, puisque, sans elles nous ne pourrions accepter l'existence et nous nous détruirions aussitôt ; elles sont sur le chemin de notre juste évolution vers le *satori*. Mais l'obtention du *satori* suppose que nous dépassions un jour nos compensations, ce dépassement doit être compris, non comme une perte de la substance vivifiante contenue dans nos compensations, mais comme un *éclatement du contour formel exclusif qui limitait cette substance* ; *la réalité vue dans l'idole ne s'anéantit pas mais diffuse hors de l'idole dont les contours restrictifs éclatent* [13] (le soulignement est de nous).

Le Bhagavad Purâna recommande vivement à ses étudiants cette forme de méditation dont Krishna est le symbole cosmique classique. L'Ishta — l'Idéal — perd progressivement son caractère spatial, son aspect particularisé, ses traits physiques d'être humain, son histoire personnelle disparaît ; il devient l'Infini ; il devient Conscience. Les différents états de la matière, les quatre éléments, doivent avoir un milieu commun. Tout d'abord, et pour des raisons de commodités en rapport avec un ordre hiérarchique, on attribue ce caractère à la pensée, et on conçoit l'*âkâça* comme une base

13. *La Doctrine suprême*, Dr H. Benoît, Éd. Courrier du Livre, 1967.

séparée, un cinquième élément, d'où les quatre autres tirent leur existence. Lorsque la compréhension atteint une certaine maturité, l'idée d'un contenant et d'un contenu s'évanouit, abandonnée comme un dernier vestige d'ignorance ; on réalise l'identité des deux facteurs. Finalement — la notion même d'un milieu commun disparaît — cette position rejoint les conceptions actuelles de la science — *âkâça* et pure Conscience sont identiques : *chaïtanya* en védânta ; *shûnyata* ou *tatathya* (*that-ness*) en bouddhisme mahayaniste. On distingue trois aspects de l'*âkâça* qui correspondent respectivement à l'état grossier (ou physique) *mahâkâça* ; à l'état subtil, *chittâkâça* ; et à l'état causal ou séminal : *chidâkâça*. L'état de rêve nous permet de réaliser que tout est conscience : « Dans la condition de rêve, le contact avec le monde extérieur est momentanément coupé ; sans aucun secours étranger le mental crée alors les différents éléments qui composent un univers complet. Mais c'est également ce qui se produit dans la condition de veille ; entre ces deux conditions, il n'y a pas la moindre différence. Par conséquent, tout cet univers (empirique) n'est que la production du Mental Cosmique (*Viveka-cûdâ-mani* vers. 170) [14]. Envisagé sous l'angle de la causalité, l'*âkâça* est la source où prenent naissance les autres états de la matière inerte (*jada*) ; envisagé sous l'angle extra-causal, l'*âkâça* est alors conscience, et la matière, énergie (ou *prâna*), est aussi conscience ; en terminologie védântique, l'objet est appelé : *vichaya chaïtanya*, c'est-à-dire la matière saisie comme une expression ou condensation de la Conscience. Ainsi le monde entier est PENSÉE (ce terme est pour nous synonyme de conscience) [15]. Nous voyons maintenant que la méditation sur un Idéal choisi employé comme symbole fixe, nous a permis, par la dilatation de l'image, d'atteindre à la Forme Cosmique ; le Cosmos à son tour (*virat*) devient un avec Ishvara et ainsi que nous l'enseignent les versets d'invocation à la Mandukyopanisad :

14. *Viveka-cûdâ-mani*, Maisonneuve, Paris, 1946. *Mental cosmique*, Adyar, Paris, 1951.

15. Conception très proche de celle de sir James Jeans, dans son ouvrage, *L'Univers mystérieux*.

« Le Virat est Brahman. » Nous sommes maintenant en mesure d'apprécier la portée métaphysique d'une forme de méditation qui, au moyen de la concentration sur une image — une idole — l'utilise pour détruire toutes les idoles. L'image n'est pas *mrinmâyî*, « constituée d'argile », mais *en fait* elle est, suivant les paroles de Çrî Râmakrichna : *chinmâyî* « condensation de la Conscience ».

Si la méditation sur l'Ishtam qu'on utilise comme centre de concentration ou point fixe a une telle portée et nous conduit à l'illumination métaphysique, la répétition du *mantram* amène la même réalisation, mais cette fois par la compréhension du processus du TEMPS. Le fondement de notre expérience de l'espace repose sur un point fixe, cependant la notion de fixité n'est elle-même possible que par rapport à son facteur opposé : le mouvement (ou temps psychologique). Nous prenons conscience de la durée par la succession des pensées, de même, notre notion du temps objectif (ou chronologique) est en fonction de la course du soleil dans le ciel. Puisque notre objet de méditation, l'Ishtam, a absorbé la valeur totale de l'espace, accordons parallèlement une valeur infinie à la pensée formulée dans le *mantram*. Notre démarche intellectuelle découpe artificiellement la Réalité — Totalité indivisible — en temps et espace, et forme ainsi la trame de *mâyâ. La pensée est conscience, mais une pensée* (ou une idée) *devient une source d'ignorance dès qu'elle exclut toutes les autres pensées de la même manière que l'attachement à un objet* (*ou à une forme*) *est un puits d'erreurs dès qu'il exclut tous les autres objets. On élimine l'erreur d'un objet en percevant en lui la matière première dont il n'est qu'une présentation et, par là, on perçoit simultanément en lui la possibilité de tous les autres objets. Parallèlement, on élimine l'ignorance d'une pensée en appréhendant à travers elle la matière première dont elle formule une présentation particulière et en saisissant en elle, simultanément la possibilité de toutes les autres pensées.* Cette idée unique, dont la force se condense sur elle-même, devient le point focal de toutes les autres pensées : c'est le *mantram*. La première partie de la méditation s'appliquait à l'espace, nous avions pris pour point de départ la matière et ses différents états, et nous avons abouti à la Conscience (*âkâça*). En méditant sur un *mantram, l'ordre est inversé*, partis de la production du son, propriété spécifique de l'*âkâça* (suivant l'enseignement des *tantras* et du *samkhya*), nous assistons à la naissance, ou plutôt à la projection, des autres éléments, par la « dégradation » de la conscience dans la matière ; l'*âkâça* (ou conscience) en se condensant en *prâna* se dégrade. Si nous envisageons maintenant l'articulation du *mantram* en tant que conscience et base de la Réalité, nous embrasserons la totalité du monde manifesté dans un ordre descendant ; tandis qu'en méditant sur une forme ou image, nous assistons à la réintégration des éléments dans l'ordre ascendant, suivant un allègement de plus en plus subtil du *prâna* dont ils sont constitués, jusqu'à leur fusion dans l'*âkâça*. Ainsi, la voie indienne du raja-yoga mène le disciple à la contemplation et à la contemplation infuse, selon une voie d'approche cosmique qui ne conviendrait pas au Christianisme. Cependant, au cours d'une conversation à Strasbourg avec le Dr Albert Schweitzer, nous avons entendu ce dernier mentionner une voie d'approche cosmique chrétienne. Les conceptions cosmogoniques sont très différentes dans les traditions indiennes et judéo-chrétiennes ; à mon avis, c'est une erreur de les mélanger pour essayer de voir une unicité là où les modes d'approches diffèrent. Pendant la pratique de *dhyâna*, le disciple apprend à synchroniser sa contemplation visuelle de l'Ishta et le son *du mantra* ; chose impossible à obtenir par la discipline, en effet : la discipline est une *méthode*. Le mental ne peut suivre une méthode lorsqu'il est le champ de courants opposés. Au cours de la méditation sur l'Ishta, l'Idéal choisi représente la totalité de l'univers manifesté. Le méditant débute à partir des éléments, et remonte depuis la terre, l'eau, le feu, l'air [16], jusqu'à ce que sa méditation le conduise à la source même de tous les éléments, l'*âkâça*,

16. L'étude des éléments selon un ordre ascendant n'est autre que l'étude des états solide, liquide, igné et gazeux de la matière dont ils sont des expressions énergétiques (*prana*).

dont la nature est conscience. Simultanément, la méditation sur le *mantra* renverse l'évolution : *shabdha* (le son) est la propriété spécifique de l'*âkâça*, lui-même identique à *chidâkâça* ou pure conscience. La vibration primordiale (*nâda*) se concrétise en un *point* (*bindu*). Ce point est une *tension*, il est à la fois la cause et le résultat de la concentration des ondes de vibration ; c'est pourquoi *bindu* est simultanément le point de désagrégation de la matière et l'origine de ses multiples états. Ces deux processus ascendant et descendant (*anuloma* et *pratiloma*) ou, autrement dit, l'évolution et l'involution cosmiques, se synchronisent dans l'Attention (avec un A majuscule), celle-ci s'éveille au moment de l'ultime réalisation — la satori-événement. La tension qu'engendre la puissance de l'attention, fonction du mental, la fait éclater. Cette vaste conception est comparable à la pensée de l'écrivain Zen, le professeur Suzuki, qui a dit que l'*univers est le plus grand des Koans*. La réponse à ce *koan*, à ce « casse-tête », ne peut être fournie par l'attention provenant du mental (*antahkarana*) — si aiguisée soit-elle — puisque l'attention a son pivot dans l'*égo*. Par conséquent l'attention particulière, dont la réalité est d'ordre temporel, doit céder la place à l'Attention sans objet, c'est-à-dire à l'Attention intemporelle, qu'on pourrait représenter symboliquement par un regard fixe et vide[17] (semblable à celui de l'oiseau occupé à couver, selon l'illustration de Çrî Râmakrichna). C'est à ce point de la *sâdhanâ*, où la tension atteint son maximum d'intensité, qu'opère le « lâcher prise » et que le disciple réalise la vérité du verset de la Gîtâ déjà cité : « Laisse tous les devoirs, prend refuge en Moi » (*B. Gîtâ*, XVIII, 66), c'est la *Çaranâgati*, c'est la réalisation du *samâdhi* ; il n'est pas sans intérêt d'indiquer ici l'étymologie du mot *samâdhi* ; le préfixe *sam* signifie « complètement », *â* indique le retour vers le sujet et *dha* a le sens de maintenir ensemble ; *samâdhi* est le substantif du verbe « *samâdha* » : rassembler complè-

17. Voir à ce sujet, *Le Non-Mental* de Suzuki, traduction H. Benoît. Le Cercle du Livre, Paris, 1952.

tement. Dans l'état de *samâdhi*, la tension qui prend naissance entre les deux pôles de l'existence (l'objet et la pensée) est réduite à zéro. La bifurcation de la Réalité en deux pôles apparents libère un flot d'énergie (*prâna*) dispersée, qui se répand en projection du cosmos. Dès que cette dispersion est réintégrée dans son état antérieur homogène et concentré, c'est l'UNITÉ, le *Purusha*. Ici tous les efforts de la *sâdhanâ* cessent. La contemplation (*dhyâna*) est la maturation de la concentration (*dhârana*). La concentration est ainsi le stade intermédiaire entre la méditation et la contemplation selon les termes employés par saint Jean de la Croix. La concentration (*dhârana*) a elle-même été précédée par *pratyâhâra*, c'est-à-dire par l'acte de fixer l'attention afin de la rendre aiguë (*ekâgra*).

Le disciple a conquis la « juste vue » par sa connaissance générale et son intuition métaphysique ; il sait que la dualité créée par le temps et l'espace (ou l'objet et la pensée) est purement artificielle. Cette juste vue, but de la contemplation, n'arrivera jamais à maturité tant qu'elle demeurera un idéal à atteindre par l'effort (*sâdhanâ*), puisque le pivot de l'effort est une modification imaginative (*samkalpa*) du disciple et que, d'autre part, tant que le *samkalpa* n'acceptera pas de« lâcher prise », l'illumination restera impossible. « Sache, ô Pandava, que ce que l'on appelle renoncement est en vérité le yoga. Celui qui n'a pas renoncé à l'imagination du désir ne peut pas devenir un yogi » (*B. Gîtâ*, VI, 2). — A ce stade, la crispation du « troisième œil » est très forte ; plus le disciple s'évertue, plus le troisième œil se crispe. La relaxation finale ne se produira qu'à l'instant où la Réalité viendra à nous ; nous goûterons alors la contemplation infuse ou, ce que nous avons appelé au début de cet article *pratyakshânubhava*, c'est-à-dire l'expérience directe. « *Mukti hobé kobé ami jabé jobé* » phrase bengalie prononcée par Çrî Râmakrichna et qui signifie : « Dès que le « moi » disparaîtra, l'éclair de la Libération brillera. »

L'Inde ne connaît aucun dogme déterminé à propos de la contemplation infuse, aucun commandement spécial du Seigneur quant à la forme particulière par laquelle Il se révèle, contrairement au dogme catholique pour qui « Dieu est Trinité en Personnes et Unité en nature ». Il serait facile d'identifier dans l'œuvre de saint Jean de la Croix les autres degrés de l'ashtâmga-yoga que nous n'avons pas mentionnés, mais ceci dépasserait le cadre d'un article, et c'est pourquoi nous nous sommes limité aux phases principales du yoga : *dhyâna*, *dhârana* et *pratyâhâra* ; pour la même raison nous renonçons à multiplier les citations concernant ces deux termes. Le lecteur est maintenant en mesure de comprendre que les objections formulées par saint Jean de la Croix à propos de la méditation sur une image ne peuvent s'appliquer à la *sâdhanâ* du raja-yoga indien ; pour nous, l'image occupe, au contraire, une place importante dans le plan d'ensemble du raja-yoga ; la raison de cette divergence est dans la différence des points de vue.

La répétition du « Notre Père » telle qu'elle est recommandée par saint Jean de la Croix, p. 462 de *La Montée du Carmel*, ne peut être comparée à la méditation du yogi sur un *mantram*. Pour le disciple, le *mantram* consacré est identique à la Présence divine. Pas plus qu'un catholique ne considère le pain et le vin de l'Eucharistie comme des symboles, un disciple indien ne considère le *mantram* comme un symbole. La tradition indienne nous enseigne qu'après la consécration du *mantram* par le Guru, le *mantram* devient resplendissant de pure Conscience (*chaïtanya*). La répétition de la prière de Jésus dans la tradition byzantine est un écho de la pratique du *mantram* sans toutefois présenter les mêmes fondements que dans la tradition indienne[18]. Les lecteurs particulièrement intéressés par ces questions étudieront avec fruits les ouvrages sur le Tantra, traduits en anglais par Sir John Woodroffe, dont il n'existe pas encore de traduction française.

La contemplation de l'objet de méditation, l'Ishta, synchronisée avec la contemplation du *mantram* par le *japa* (répétition), donne accès à une réalisation totale. L'illustration

18. Nous recommandons au lecteur la *Philocalia*, publiée en français par les Éditions du Cahiers du Sud, ainsi que *Les récits du Pèlerin russe*, aux Éditions de la Baconnière, Neufchâtel, Suisse.

suivante permettra de saisir plus parfaitement ce que nous désirons exprimer par « synchronisation ». Lorsque nous regardons une image dans un appareil stéréoscopique, la vision de l'œil droit et celle de l'œil gauche s'effectuent au même niveau, ce qui donne le sens de la profondeur, de la troisième dimension, celle-ci n'est pas un composé des deux visions, *elle n'est pas une synthèse* ; il s'agit d'une nouvelle vision, résultat d'une prise de vue juste. C'est de la même façon que nous envisageons la synchronisation du temps et de l'espace. Cette nouvelle vision est l'ouverture du troisième œil, la *Vision de Mâyâ en tant que Réalité.* La réalisation que *Tout est Brahman.* Tout ce que nous avons vu jusqu'ici n'était autre que les modalités d'expression de Brahman. Voilà ce que le Védanta appelle la Libération. A partir de cet instant l'intellect cesse de diviser et de fragmenter la Réalité en objets et pensées, en temps et espace, puisque dans la Vérité, le dualisme, malgré ses apparences fondamentales, n'existe pas. Avant d'obtenir cette expérience directe (*sakshâtkâra*) le disciple subit une préparation, afin de purifier sa pensée et sa réflexion. Il doit libérer son intelligence et la garder à l'abri de l'emprise de l'intellect. On peut dire de l'intelligence qu'elle est cosmique en ce sens qu'elle est douée d'infinies possibilités : *a*) de représentations dans le *chitta* (substance mentale), et *b*) de démarches intellectuelles, car l'intellect est l'une de ses fonctions.

La libération est la constatation du caractère cosmique du mental, désormais le mental individuel n'est plus emprisonné ni limité par un point de vue personnel. Cette liberté du mental, qui jamais plus ne se laissera lier à des opinions, qui ne chérira plus d'opinions, comme dit le Zen, ou, pour le Védânta, ne sera plus prisonnier de « *mata* » (opinion), cette liberté est une réalisation de *Tatva*, la Réalité. L'intellect, en tant que « grenier des opinions » est détruit par la connaissance, il abandonne définitivement ses croyances, il est délivré de tout point de vue particulier. La Réalité éclate comme un coup de foudre, écartant « *l'effort* », « *la tension* » et « *l'attention particulière* » cristallisés autour du « moi » illusoire. Il en résulte, selon les paroles de Çamkara, l'expérience de Brahman. La contradiction apparente entre la futilité de l'effort humain et la réalisation finale est résolue par un mot : la Grâce.

La démarche indienne de la contemplation infuse, tout comme la philosophie et la métaphysique qui la commandent, sont inadmissibles pour les chrétiens. Saint Jean de la Croix le dit clairement :

> Quant aux rites et cérémonies qui regardent la prière ou certaines dévotions, nous ne cherchons point à attacher notre cœur à des rites ou à des manières de prier qui diffèrent de ce que nous ont enseigné le Christ et son Église... Nous ne devons pas non plus employer d'autres manières de prier, formules ou manières équivoques, mais suivre seulement celles de l'Église avec le rite qu'elle emploie, et qui toutes se réduisent à ce que nous avons dit du « Notre Père ».

VI

Nous avons établi des comparaisons et montré les contrastes entre le yoga de saint Jean de la Croix et le raja-yoga classique de l'Inde, notre présentation a suivi un ordre inverse à celui qui est généralement observé. Habituellement un exposé sur le raja-yoga suit l'ordre ascendant : *yama* (règles de discipline), *niyama* (purification), *pratyâhâra* (méditation), *dhârana* (concentration), *dhyâna* (contemplation) et *samâdhi* (contemplation infuse). Nous avons étudié en premier l'état de *samâdhi* qui correspond à la contemplation infuse des écrits de saint Jean de la Croix, et dans l'ordre descendant nous avons entrepris l'étude des autres branches (*âmgas*) du yoga. Il ne nous reste plus à traiter que *prânâyâmâ*, *âsana*, *niyama* et *yama*. Ces deux dernières disciplines ont été largement exposées au cours de la description de la Nuit des sens. Saint Jean de la Croix ne mentionne nulle part la pratique de *prânâyâmâ*. Pour trouver un parallèle du *prânâyâmâ* indien dans la tradition chrétienne, nos recherches doivent s'orienter vers saint Ignace de Loyola. En ce qui concerne l'*âsana*, la posture, saint Jean de la Croix donne quelques directives sur le choix d'un lieu solitaire pour la prière, mais sans prescrire cette gymnastique que le raja-yoga de l'Inde a emprunté au hatha-yoga. Chez lui tout est simple et sans complication.

L'un des principes fondamentaux exigé aussi bien par saint Jean de la Croix que par le raja-yoga indien est l'observance absolue de la chasteté ; cette règle que ne supporte aucune dérogation élimine de prime abord un certain nombre de candidats. Nous avons déjà cité les paroles de saint Paul auxquelles saint Jean de la Croix se réfère (p. 364 éd. du Seuil) : « Une chose certaine, mes frères, c'est que le temps est court ; par conséquent, que ceux qui sont mariés soient comme ceux qui ne le sont pas... » etc. Le raja-yoga étudie la question de la chasteté du point de vue de la dispersion et de la concentration de l'énergie ; saint Jean de la Croix observe la même attitude en s'appuyant sur la tradition biblique :

> Car Dieu a si bien sevré l'âme de tous ces goûts, il les a si bien concentrés en Lui, qu'ils ne peuvent plus se porter à ce qu'ils aimaient. Le but que Dieu poursuit en les séparant de tout et en les concentrant pour Lui, c'est de rendre l'âme plus forte et plus apte à contracter avec Lui cette forte union d'amour qu'il commence déjà à lui donner par le moyen de cette purification, c'est alors que l'âme doit aimer de toutes ses forces et avec toutes ses affections spirituelles et sensitives ; et cela lui serait impossible *si ces affections se répandaient sur divers objets*. Voilà pourquoi David, voulant recevoir la force de l'amour de cette union, disait à Dieu : « *Fortitudinem meam ad te custodiam* : Je conserverai pour vous ma force » (le soulignement est de nous) (ps. LVIII, 10).

C'est-à-dire que « toutes les aptitudes, convoitises et forces de mes puissances, je ne veux pas leur procurer une occupation ou une satisfaction en dehors de vous » (p. 594, éd. du Seuil). Cette conservation des forces, au sens concret et subtil, est ce que l'Inde appelle *brahmacharya*. Nous lisons dans la

Bhagavad-Gîtâ, chapitre VIII, verset II : « Je vais te révéler brièvement la voie que ceux qui connaissent les Vedas déclarent indestructible, que suivent ceux qui sont maîtres d'eux-mêmes, libres de toute passion, cette voie que l'on ne peut prendre sans prononcer les vœux de chasteté. » Il est impossible d'entreprendre une discipline spirituelle qui mène au *samâdhi* sans cette observance. D'ailleurs l'étymologie du terme *samâdhi*, que nous avons indiquée ci-dessus, est en soi révélatrice : maintenir ensemble ; c'est-à-dire rassembler ce qui est dispersé. Cette dispersion existe également sur le plan de l'entendement, de la mémoire et de la volonté. La part de travail actif que l'âme doit accomplir afin de pénétrer dans la Nuit a été exposée au début de cet essai et, selon saint Jean de la Croix, dès que l'âme a fourni sa part « d'industrie personnelle » c'est-à-dire le témoignage d'amour de la créature envers Dieu, Dieu place l'âme dans un état de passivité qui la rend apte à Le contempler dans sa gloire éternelle en état d'union complète.

VII

C'est ici que se place « le dixième et dernier degré d'amour de cet escalier secret ». L'âme s'assimile totalement à Dieu, par suite de la claire vision de Dieu dont elle jouit aussitôt d'une manière immédiate ; quand l'âme arrive au neuvième degré, il ne lui reste plus qu'à abandonner son corps. Les âmes de cette sorte sont en petit nombre ; comme l'amour a opéré en elles une purification complète, elles ne passent point par le purgatoire. Voilà pourquoi saint Matthieu a dit : « Bienheureux ceux qui ont le cœur pur, parce qu'ils verront Dieu. » Or, comme nous venons de le dire, cette vision est la cause pour laquelle il y a une similitude totale de l'âme avec Dieu, selon cette parole de saint Jean : « Nous savons que nous serons semblables à Lui. » Cette expression ne veut pas dire que l'âme sera aussi puissante que Dieu, car cela est impossible, mais parce qu'en tout cela elle deviendra semblable à Dieu ; aussi peut-on l'appeler, et elle sera en réalité, *Dieu par participation* (le soulignement est de nous)... « il n'y a désormais plus rien de caché pour l'âme, car elle est totalement assimilée à Dieu... » Un peu plus loin, il cite l'apôtre saint Jean :

> Et ce jour là vous ne m'interrogerez plus sur rien. Mais jusqu'à ce que ce jour soit arrivé il y a toujours pour l'âme, si élevée qu'elle puisse être, quelque chose de caché, et ce sera en proportion de ce qui lui manque pour qu'elle ait une ressemblance parfaite avec la divine Essence.

Cet aboutissement dévotionnel (*bhakti*) du raja-yoga est le thème favori de nombreux mystiques de l'Inde. Les différents degrés ont leur utilité tant que l'âme n'est pas embrasée par ce que saint Jean de la Croix appelle « l'incendie de l'amour ». L'école de *bhakti* (dévotion) de l'Inde mentionne quelques cas, extrêmement rares, où l'amour divin est venu saisir l'âme empêtrée dans le péché et, sans passer par les différents degrés des disciplines, l'a brusquement placée au plus haut sommet de la perfection. Voilà, nous dit saint Jean de la Croix,

> comment cette théologie mystique et cet amour secret portent l'âme à s'élever au-dessus de toutes les créatures et d'elle-même pour monter jusqu'à Dieu. Car l'amour est comme le feu. Il s'élève toujours vers les hauteurs pour atteindre le centre de sa sphère (p. 645).

A ce point, les différences qui peuvent exister d'un yoga à l'autre nous échappent. D'ailleurs le yoga de saint Jean de la Croix ne se limite pas à l'un des quatre yogas — *jñâna*, *bhakti*, *karma* et *raja* — à l'exclusion des autres, mais il les intègre tous les quatre en lui-même. En ce sens, on peut le dénommer « *yoga intégral* » (ou Purna Yoga qui est le terme employé par Shri Aurobindo). Parmi les Mystiques chrétiens, à qui nous pouvons d'une manière ou d'une autre, appliquer le terme de yogi, saint Jean de la Croix peut être appelé le yogi *par excellence*, car, chez lui seul s'allient harmonieusement tous les éléments des différents yogas maintenus ensemble par la suprématie de la Foi chrétienne.

VIII

En conclusion de cet article, nous tenons à rendre hommage à cette lointaine époque de l'Histoire où l'Orient et l'Occident entretenaient des relations intimes par une voie que nous avons longtemps ignorée [19]. Lorsque Plotin accompagna l'expédition de l'empereur Gordien en Orient, il s'intéressera vivement à la philosophie et aux pratiques spirituelles de la Perse et de l'Inde et réunit sur elles des informations de première main. Puis aux IVe et Ve siècles après Jésus-Christ, par l'intermédiaire des néo-platoniciens et d'autres canaux, les éléments les plus précieux de la pensée indienne pénétrèrent dans le christianisme et furent intégrés dans le corps du mysticisme chrétien. Saint Augustin joua un rôle important dans ce travail d'assimilation du mysticisme oriental dans le christianisme Mais la partie la plus importante de diffusion et d'assimilation fut accomplie par un syrien qui garda l'anonymat afin de répandre plus largement son œuvre et fut connu sous le pseudonyme de Denys l'Aéropagite. Ses deux ouvrages *Les Noms divins* et *De la Théologie mystique* eurent une grande popularité. L'auteur y expose la tradition mystique sous la forme la plus austère qu'un ascète védantique eût pu imaginer. Traduit au IXe siècle par Scot Erigène, ces ouvrages connurent une grande popularité, et, pendant toute la période du Moyen Age, ils exercèrent une influence considérable sur les esprits de tous ceux qui s'adonnaient à la méditation et à la contemplation. Au XIVe siècle parut en Angleterre une œuvre qui s'intitulait : *The Cloud of Unknowing* : *Le Nuage d'Inconnais-*

19. L'auteur tient à préciser qu'il résume dans ce dernier paragraphe les idées exposées par A. Huxley dans son ouvrage *L'Éminence grise,* ch. III.

sance[20]. Dans ce petit volume qui eut un grand retentissement lorsqu'il parut en Angleterre et dans toute l'Europe, nous trouvons le développement du mysticisme dionysien et la mise en lumière de toutes ses caractéristiques essentielles. Terminons en citant l'avis du P. John Chapman sur cet ouvrage dont il dit : « Il semble résumer à l'avance les doctrines de saint Jean de la Croix. »

20. Texte traduit en français par les éditions des Cahiers du Sud.

Table des matières

DU MÊME AUTEUR

Aux Éditions Maisonneuve

ÇRÎ RÂMAKRISHNA
ET L'HARMONIE DES RELIGIONS

LA MÉDITATION SELON LE YOGA VÉDANTA

QUELQUES ASPECTS
DE LA PHILOSOPHIE VÉDANTIQUE

« *Spiritualités vivantes* »
Collection fondée par Jean Herbert
au format de poche

87. *Écrits sur l'hésychasme*, de Jean-Yves LELOUP.
88. *Les Fleurs de Bouddha, anthologie du bouddhisme*, de Pierre CRÉPON.
89. *Yoga-Sutras*, de PATANJALI, traduction du sanscrit et commentaires de Françoise MAZET.
90. *Nuages fous*, d'IKKYÛ, traduit du japonais et commenté par Maryse et Masumi SHIBATA.
91. *Écrits*, du père Henri LE SAUX, choisis et présentés par Marie-Madeleine DAVY.
92. *Le Jardin de roses*, de SAADI.
93. *Trois Messagers pour un seul Dieu*, de Roger ARNALDEZ.
94. *Paroles du Mont Athos*, de Jean-Yves LELOUP.
95. *A Bible ouverte*, t. I, de Josy EISENBERG et Armand ABECASSIS.
96. *Popol Vuh. Le Livre des Indiens Mayas Quichés*, traduit de l'espagnol par Valérie FAURIE.
97. *L'Œil du prophète*, de Khalil GIBRAN.
98. *Chercheur de vérité*, d'Idries SHAH, traduit par Jean NÉAUMET et préfacé par Doris LESSING.
99. *Le Chant de l'immédiat Satori*, de Yoka DAISHI, traduit et commenté par Taïsen DESHIMARU.
100. *Le Yoga de l'Amour*, de Jean HERBERT.
101. *Et Dieu créa Ève. A Bible ouverte*, t. II, de Josy EISENBERG et Armand ABECASSIS.
102. *Les Collations de Jean Cassien ou l'unité des sources*, textes choisis et présentés par Jean-Yves LELOUP.
103. *Praxis et Gnosis, textes d'Évagre le Pontique*, choisis et présentés par Jean-Yves LELOUP.
104. *Le Centre de l'Être*, de K. G. DURCKHEIM, propos recueillis par J. CASTERMANE.
105. *Tsimtsoum, introduction à la méditation hébraïque*, de Marc-Alain OUAKNIN.
106. *La Voie soufie*, de Faouzi SKALI.
107. *Moi, le gardien de mon frère ? A Bible ouverte*, t. III, de Josy EISENBERG et Armand ABECASSIS.
108. *Sermons sur le Zen. Réflexions sur la Terre Pure*, traduits et présentés par Maryse et Masumi SHIBATA.
109. *Dhammapada, les Dits du Bouddha*, traduits du pali.
110. *L'Anneau de la Voie*, de Taisen DESHIMARU, textes rassemblés par E. de SMEDT et D. DUSSAUSSOY.
111. *Rubâ'yât*, de Djalâl-od-Dîn RÛMÎ, traduit et présenté par E. de VITRAY-MEYEROVITCH et D. MORTAZAVI.

112. *Vie de Moïse, de Grégoire de Nysse, ou l'être de désir,* traduit par J. DANIELOU et présenté par J.-Y. LELOUP.
113. *Homélies de Jean Chrysostome sur l'incompréhensibilité de Dieu,* traduit par R. FLACELIÈRE et présenté par J.-Y. LELOUP.
114. *Le Dharma et la vie,* de Lama Denis TEUNDROUP.
115. *La Méditation créatrice et la conscience multidimensionnelle,* par Lama ANAGARIKA GOVINDA, traduit par Jean HERBERT.
116. *Le Puits d'eaux vives, entretiens sur les Cinq Rouleaux de la Bible,* de Claude VIGÉE et Victor MALKA.
117. *Œuvres,* de saint FRANÇOIS D'ASSISE, traduit et présenté par A. MASSERON.
118. *La Méditation bouddhique,* de Jean-Pierre SCHNETZLER.
119. *Zen et samouraï,* de SUZUKI SHÔSAN, traduit et présenté par Maryse et Masumi SHIBATA.
120. *Le Taoïsme vivant,* de J. BLOFELD, traduit par Jean HERBERT.
121. *Commentaire sur le Mystère de la Fleur d'or,* de C. G. JUNG.
122. *Prière de Jésus, prière du cœur,* d'Alphonse et Rachel GOETTMANN.
123. *Moine zen en Occident,* de Roland RECH.
124. *Le Pèlerin chérubinique,* d'Angelus SILESIUS, traduit et présenté par Camille JORDENS.
125. *L'Expérience de la transcendance,* de K. G. DURCKHEIM, traduit par M. P. SCHLEMBACH.
126. *Les Gnostiques,* de Jacques LACARRIÈRE.
127. *Réflexions sur la Bhagavad-Gîtâ,* de Jean HERBERT.
128. *L'Enracinement et l'Ouverture,* de Jean-Yves LELOUP.
129. *L'Idée maçonnique, essai sur une philosophie de la franc-maçonnerie,* d'Henri TORT-NOUGUÈS.
130. *Rire avec Dieu. Aphorismes et contes soufis,* de S. B. MAJROUH, texte français de Serge SAUTREAU.
131. *La Vision profonde, de la Pleine Conscience à la contemplation intérieure,* de THICH NHAT HANH, traduit par P. KERFORNE.
132. *Anthologie du soufisme,* d'E. de VITRAY-MEYEROVITCH.
133. *Expérience chrétienne et mystique hindoue,* de Bede GRIFFITHS, préface de M. M. DAVY, traduit par C. H. de BRANTES.
134. *Méditation taoïste,* d'Isabelle ROBINET.
135. *Dzogchen et Tantra, la Voie de la Lumière du bouddhisme tibétain,* de Namkhaï Norbu RINPOCHÉ, traduit par B. ESPAZE.
136. *L'Homme et sa double origine,* de Karlfried Graf DÜRCKHEIM, traduit par C. de BOSE.
137. *Le Langage des oiseaux,* de Farîd-ud-Dîn 'ATTAR, traduit du persan par G. de TASSY.
138. *Merveilles et processions,* de Khalil GIBRAN, traduit par J.-P. DAHDAH.
139. *La Respiration essentielle,* de THICH NHAT HANH, traduit par P. KERFORNE.
140. *Le Yoga et saint Jean de la Croix,* de Swâmi SIDDHESWARANANDA.
141. *Traces de lumières, paroles initiatiques soufies,* de F. SKALI.

La reproduction photomécanique de ce livre
a été réalisée par l'Imprimerie BUSSIÈRE,
l'impression et le brochage ont été effectués
sur presse CAMERON
par Bussière Camedan Imprimeries,
à Saint-Amand-Montrond (Cher),
pour le compte des Éditions Albin Michel.

Achevé d'imprimer en avril 1996.
N° d'édition : 15407. N° d'impression : 1/398.
Dépôt légal : mai 1996.